ro
ro
ro

«Wir hatten hier gerade einen Stromausfall, und Heikes PC ist ausgegangen. Warum?»
Kurz gehe ich davon aus, dass die Verbindung unterbrochen wurde, denn das «Warum?» kann ja nicht das Ende des Satzes gewesen sein. War es aber anscheinend doch.
«Nun, Philipp?»
«Selbstverständlich ist der PC aus, Klaus. Ohne Strom geht der nicht. Auch nicht, wenn der Strom nur ganz kurz weg ist!»
«Aber das kann doch nicht sein. Der Strom war sofort wieder da. Philipp, Heike ist wirklich sauer und sagt, du sollst sofort kommen. Wo bist du denn gerade?»
«In Hamburg.»
«Wie kannst du in Hamburg sein, wenn bei uns der Strom ausfällt?»

Philipp Spielbusch ist der duldsamste IT-Berater der westfälischen Provinz. Seine Firma PSC richtet die Netzwerke mittelständischer Firmen ein, repariert Rechner aller Art und betätigt sich als Notarzt für jedes Problem. In seiner Freizeit fährt er als E-Sportler SIM-Racing. Philipp Spielbusch beherrscht 8 Programmiersprachen, 25 Betriebssysteme und rund 350 Stammkunden. Seine beiden Kinder hat er weniger im Griff. Mit seiner Partnerin Jutta lebt er in Drensteinfurt bei Hamm.

Philipp Spielbusch

ICH HAB DA NUR KURZ DRAUFGEKLICKT, UND JETZT IST ALLES WEG!

Neues aus dem Alltag eines IT-Dienstleisters

Rowohlt Taschenbuch Verlag

1. Auflage

Originalausgabe
Veröffentlicht im Rowohlt Taschenbuch Verlag,
Kirchenallee 19, 20099 Hamburg, Oktober 2025

Covergestaltung zero-media.net, München
Coverabbildung FinePic®, München
Satz aus der Kievit bei Dörlemann Satz, Lemförde
Druck und Bindung CPI books GmbH, Leck
ISBN 978-3-499-01736-0

Kontaktadresse nach EU-Produktsicherheitsverordnung:
produktsicherheit@rowohlt.de

FSC
www.fsc.org
MIX
Papier | Fördert
gute Waldnutzung
FSC® C083411

Inhalt

Pro bono

Der Wind singt in der Krone der alten Esche. Zuvor hat er einen Umweg über die Hallen genommen, über die Parkplätze und Hinterhöfe der benachbarten Firmen. Wir sind umgezogen, Wulf und ich. Weg aus dem Dorf, wo der Blick auf den schmucklosen Kreisverkehr fiel, links dahinter in der einen Richtung der Netto und in der anderen das zerrupfte Randgebüsch der Gärten von Menschen, die wir niemals kennengelernt haben. Ohnehin, jetzt fällt es mir auf, hat unsere Dienste nie jemand im unmittelbaren Umkreis von fünfhundert Metern gebucht. Hatten die keine Rechner? Oder lief bei denen über Jahrzehnte alles einwandfrei? Wie wahrscheinlich ist das? Einen Kreisverkehr haben wir jetzt wieder im Blickfeld, allerdings einen, den kaum jemand benutzt, denn diese Runde um die alte Esche bildet gleichzeitig das Ende unserer Straße, sieht man von der Einfahrt zum lokalen Hufschmied ab. In der selbstbestimmten Pause stehe ich gern hier vor der Tür und lausche dem Wind. Schrecklich die Vorstellung, ich würde meine kleine IT-Firma mitten in einer Großstadt betreiben.

«Verzeihung? Sind Sie der Computermann?»

Ich schwinge herum, in die Richtung, aus der die Stimme nah wie aus einem Headset an mein Ohr dringt.

Ein kleiner Mann mit Arbeitshose und Viertagebart, wahrscheinlich aus einem der Betriebe die Straße hinab. Uralte, eingesessene Unternehmen, bei denen das Gemäuer bröckelt und der Fuhrpark die Kulisse für einen fünften Teil von *Mad Max* bilden könnte.

Trotz schwerer Stahlkappenschuhe hat der Mann sich nicht durch Schritte angekündigt. Ein lautloser Schleicher, wie in Stealth-Videospielen. *Metal Gear Solid* trifft *Bob, der Baumeister.*

«IT-Service», antworte ich, um meiner Tätigkeit mehr Glanz zu verleihen, als der Begriff «Computermann» es vermuten lassen würde.

Der Mann nickt eifrig, kolibrischnell schwingt das Kinn auf und ab. Er zögert kurz, als wäre er nicht sicher, mich was fragen zu dürfen, doch dann hält er mir sein Telefon hin.

«Das auch?»

«Handys sind ebenfalls IT», sage ich. Sein Gerät ist ein Smartphone, aber eher eins für Baustelle, Wald und Bohrinsel. Gummipuffer an allen Seiten, fester Grip, feiner Dreck zwischen Display und Rand. Stammt aus China, wirkt aber, als wäre es in den Minen von Mordor geschmiedet.

«Können Sie mal kurz gucken? Irgendwie kann ich nicht mehr telefonieren. Da steht: Nur Notruf.»

Das wäre auch ein guter Titel, denke ich mir. Für ein zweites Buch. *Können Sie mal kurz gucken? Neues aus dem Alltag eines IT-Dienstleisters.* Seit einigen Jahren bin ich zwar weiterhin hauptberuflich ein «Computermann», aber nebenher auch Schriftsteller, was ich immer noch kaum fassen kann. In der Branche hat mein Buch über das, was ich so tagtäglich erlebe, weite Kreise gezogen. Und hier in der münsterländischen Heimat hat es natürlich auch die Runde gemacht. Der Bauarbeiter scheint allerdings nichts davon zu wissen.

Ich seufze. Nicht, weil der Mann mein Buch nicht kennt, sondern weil all die unbezahlten Momente, in denen ich nur mal «kurz gucke», mir bereits das erste Haus in Monaco finanziert hätten, wären sie reguläre Aufträge gewesen. Aber gut, ich gucke, denn ich ahne bereits, was mit dem Gerät los sein könnte.

«Zeigen Sie mal her.»

Mit dem erleichterten Blick eines Jungen, dem endlich jemand sein aufgeschlagenes Knie verarztet, drückt er mir das Telefon in die Hand. Es fühlt sich schmierig und sandig zugleich an, wie ein verschwitzter Körper, der im Urlaub am Strand im Sand paniert worden ist.

«Ihre SIM wird nicht erkannt», sage ich.

«Wer?»

«Die kleine Karte, die Ihr Telefon überhaupt erst mit der Welt verbindet. Wo Ihre Nummer drauf ist und vielleicht sogar die Kontakte, falls Sie die auf der SIM speichern und nicht im Telefon, oder, wie ich es ja empfehlen würde, in der Cloud, bei Google. Dann können Sie sicher sein, immer Zugriff auf die Daten zu haben, egal mit welchem Telefon.»

Der Mann schaut mich an, als hätte ich beim Matheunterricht in der Grundschule so Kinkerlitzchen wie Plus, Minus, Mal und Geteilt übergangen und wäre direkt zur Riemannschen Vermutung gesprungen.

«Na, wie dem auch sei», wische ich seine Verwirrung aus der Morgenluft, die SIM-Karte da drinnen wird einfach nur den Kontakt verloren haben. Das passiert manchmal, wenn Telefone starken Stößen ausgesetzt sind. Und bei der Arbeit ruckelt's sicher den ganzen Tag, oder?»

Der Mann nickt und lässt dabei zugleich seine Augenbrauen wippen.

Ich inspiziere die Rückseite. Die Abdeckung ist mit vier Schrauben befestigt. Schlitzprofil.

Die Augenbrauen tanzen mehr denn je, als der Mann in seine Tasche greift und ein kleines Universalmesser hervorholt, an dem sich ebenfalls Korkenzieher, Dosenöffner und zahlreiche andere Tools befinden – und ein kleiner Schlitzschraubendreher.

Ich nicke anerkennend und nehme das Ding entgegen. Der Mann lacht und zeigt mit dem astgleichen Finger in das von Zufallspassanten verschonte Gewerbegebiet: «Hier draußen gibt's ja kein Messerverbot.»

Ich lache bitter mit.

«Und selbst wenn, gilt es ja eh nur zwischen 22 und 6 Uhr.»

Ich schraube die Abdeckung auf, hebe sie behutsam ab und zeige ihm, wo die SIM-Karte eingeschoben ist. Ein sehr stabiler Rahmen.

«Sehen Sie? Das Ding meinte ich.»

«Ach so! Ja, die hat mein Neffe da reingeschoben, als er mir den Vertrag besorgt hat!»

Es ist so typisch. Nur sehr wenige bleiben offen und neugierig, beschäftigen sich mit der Zeit sogar mehr mit ihren Geräten. Die meisten aber treibt die seltsame Überzeugung, beim Überschreiten des fünfzigsten Lebensjahrs automatisch jede Fähigkeit zu verlieren, auch nur das Einfachste zu begreifen, was mit ihren Rechnern oder Telefonen zu tun hat. Sie legen ihr datentechnisches Dasein komplett in die Hände anderer. Nur in die Hände der Cloud oder gar der KI, da wollen sie es nicht legen, trotz all der Vorteile, die es hat. Zumindest nicht hier, auf dem Land.

Ich berühre die Karte. Sie sitzt bombenfest. Kein Vor, kein Zurück. Behutsam führe ich das Telefon an den Mund und puste. Doch egal, wie es von außen aussieht – von innen ist diese Baustellenmöhre klinisch rein.

«Hm, die scheint guten Kontakt zu haben.»

«Was ist es dann?»

Ich schließe das Gerät wieder, Schraube für Schraube. Für einen Augenblick verlangsamt sich die Zeit, als ich die kleinen Dinger neben dem lieben Mann eindrehe. Solche einfachen Handgriffe sind wie ein Kokon aus Ruhe, irgendwie meditativ. Kann das Ding nicht acht oder zwölf Schrauben haben? Oder hundert?

«Und?»

Ich lege die Hand auf das wieder verschlossene Gerät und überlege. Nach einer Sekunde schnellt mein linker Zeigefinger in die Höhe. Ihm scheint's noch zügiger eingefallen zu sein als mir selbst. Ich fahre das Android-Betriebssystem hoch und finde mich direkt auf dem Menü-Bildschirm wieder. Keine Sperre. In den Einstellungen suche ich nach der entscheidenden Einstellung und finde sie. Ich tue, was getan werden muss, reiche ihm das Gerät und sage: «Versuchen Sie mal.»

Kurz erscheint seine Zungenspitze zwischen den Lippen und zieht sich wieder zurück, während die Brauen tanzen. Er wählt eine Nummer. Nach zwei Sekunden geht auf der anderen Seite jemand ran.

«Kostas, ja, ich wollte nur kurz testen, ob mein Telefon wieder geht. Ja. Genau. Wir sehen uns heute Abend.»

Er legt auf, indem er mit dem Zeigefinger das Hörersymbol anpeilt und trifft, wie eine Katze, die den Punkt des Laserpointers jagt.

«Wie haben Sie das gemacht?»

Ich zeige ihm das Menü, in dem sich die SIM-Karte mithilfe eines Schiebereglers ausschalten lässt.

Die stumme SIM

Wenn das Telefon verkündet, dass nur noch Notrufe funktionieren, gibt es keine Kommunikation mehr zwischen der SIM-Karte und dem Gerät. In vielen Fällen sitzt das kleine Ding nicht mehr richtig oder hat durch Schmutz den Kontakt verloren. Wir reden hier von winzigen Störquellen, die aber in der Relation zu dem, was auf der Karte geschieht, gar nicht winzig sind. Die SIM ist wie eine kleine Stadt aus Schaltkreisen, bei der jedes Haus nur die Größe eines Sandkorns hat. Dringt nun fremder Dreck in diese Straßen ein, schiebt er sich vor die Türen wie ein massiver Felsbrocken oder ein gigantischer Sturm, der tonnenweise Unrat aus der nahe gelegenen Steppe mit sich führt. Daher hilft es meistens, die Karte zu entfernen, vorsichtig Karte wie Slot freizupusten und sie wieder einzusetzen. Das säubert die Stadt und rückt den Kontakt, sollte er minimal verschoben gewesen sein, wieder gerade. Der viel seltenere Fehler besteht darin, dass die Karte im Menü deaktiviert ist, je nach Telefon aufzufinden etwa unter Einstellungen → Verbindungen → Netzwerk & Internet → SIM-Kartenverwaltung oder bei Einstellungen → Mobilfunknetz oder an noch anderer Stelle, die sich über das Suchfeld oben bei den Einstellungen manuell auffinden lässt. Auf Apple-Geräten kann dieser letztere Fehler allerdings nicht geschehen – im Betriebssystem iOS kann eine SIM-Karte nicht einfach auf diese Weise deaktiviert werden.

Der Mann sieht mich an, als hätte ich ihm erklärt, im kommenden Quartal die Heizung aus seinem Keller zu reißen und ihm zugleich den Betrieb des Kamins zu verbieten.

«Man kann dieses SIM-Ding ausschalten?»

«Ja.»

«Wieso?»

Die Frage ist berechtigt. Ich freue mich, wenn meine Kunden mitdenken. Obwohl, er ist ja gar kein Kunde, sondern ein «Mal eben kurz gucken»-Typ. Ob er ans Trinkgeld denken wird? Bevor ich ihm antworten kann, macht er ein paar Schritte auf die Straße, die nach dem seltenen Mineral Strontianit benannt ist, und gestikuliert.

«Die Karte macht mein Telefon erst zum Telefon, aber es gibt eine Funktion, mit der sich sie ausschalten lässt? Das ist doch völlig absurd! Das ist ja so, als würde man im Auto einen Knopf einbauen, der den Motor komplett unbrauchbar macht, selbst wenn ich den Zündschlüssel drehe. Oder drüben bei uns in der Halle – nee, der Stapler geht heute nicht, den haben wir abgeschaltet. Wieso gibt es dafür ein Menü, als wäre das überhaupt eine Wahlfrage? *Geht gar nicht* ist doch keine Option!»

Vergnügt beobachte ich, wie der Mann sich austobt. Er hat ja recht. Aber als Fachmann muss ich seine rhetorische Frage dann doch beantworten.

«Nehmen wir an, Sie wissen, dass Sie in den kommenden Stunden auf gar keinen Fall telefonieren oder ins Netz gehen werden. Wenn Sie die Karte komplett ausschalten, spart das ein paar Megabyte. Also, theoretisch. Denn irgendwas verbraucht das Gerät immer. Oder Sie haben zwei Karten in Betrieb und wollen eine rausnehmen, ohne das Telefon abzuschalten.»

Der Bauarbeiter kommt zum Stehen und überlegt, ob es Sinn ergibt, was ich da sage. Über uns zieht ein Schwarm Gänse dahin, die aus dem Winterurlaub zurückkehren. Ihr melodisches Geschnatter tönt bis hierher zu uns Bodenbewohnern.

«Unfug!», urteilt der Mann mit einem erstaunlich schönen Wort. «Wenn ich nicht telefonieren will, mache ich den Flugmodus an. Den kenne ich. Und wenn ich die Karte raushole, schalte ich es aus. Und eine zweite Karte mit zweiter Nummer haben nur Verbrecher. Ja, gut, vielleicht für Schwarzarbeit, aber ... nein, das habe ich nicht gesagt.»

Kurz wird er rot im Gesicht, dann winkt er noch einmal freundlich, ruft ein «Danke!» hinter sich auf den Weg in meine Richtung und läuft zu seinem Arbeitsplatz zurück.

Kein Trinkgeld. Habe ich's mir doch gedacht.

Goldene Regel im Umgang mit Kunden:

Wenn jemand sein Anliegen mit «Können Sie mal kurz gucken?» einleitet, ist mit keinerlei Bezahlung für die Dienstleistung zu rechnen. Schätze daher vorher gut den Zeitaufwand ein, der bei dieser Frage von zwei Minuten bis zu zwei Tagen dauern kann, und entscheide, wo die Grenze für dich für Pro-bono-Einsätze liegt. Was einen einzelnen Einsatz angeht sowie auch für die Gesamtanzahl solcher Gefälligkeiten, die du im Jahr zu leisten bereit bist. Auf diese Weise entlastest du dich vom stetigen Kampf deines sozialen mit deinem geschäftlichen Gewissen.

Ich schaue dem Bauarbeiter hinterher und gönne mir noch ein paar Züge an der E-Zigarette. Derzeit habe ich als Aroma Blaubeere mit Himbeere in Betrieb, auf Englisch Blueberry Sour Raspberry, was Wulf besonders lustig findet, da der Raspberry Pi ja auch ein winziger, kreditkartenkleiner Ein-Platinen-Computer ist, mit dem interessierte Nerds aller Altersklassen eigene Programmiererfahrungen machen können. Satte 45 Millionen Exemplare hat die Stiftung, die das Ding herstellt, mittlerweile verkauft – mehr als von mancher Videospielkonsole abgesetzt wurde. So verschieden ist die Lebenswirklichkeit der Menschen in den Zwanzigerjahren des 21. Jahrhunderts – die einen haben von der Technik überhaupt keine Ahnung und die anderen kaufen sich die IT-Entsprechung zum anspruchsvollsten Fischer-Technik-Kasten überhaupt.

Ich stecke meine Dampfe zurück in die Tasche und erinnere mich daran, wie das früher gewesen ist, wenn ein Mann wie ich eine Zigarettenpause auf der Straße vor der Firma gemacht hat. Niemand steckte den Filter des fertig gerauchten Glimmstängels in die Tasche oder in eine Mülltonne. Stattdessen warf man ihn einfach auf den Boden, atmete die letzte Fuhre Qualm mit halb geschlossenen Clint-Eastwood-Augen aus und beendete die letzte Glut, indem man den giftigen Filter noch einmal mit der Spitze seines Schuhs kraftvoll in den Asphalt einrieb. Niemand wusste zu der Zeit, dass ein einziger dieser Filter rund sechzig Liter Grundwasser verseuchen kann und eine Ewigkeit braucht, um zu verrotten. Aber man hätte es ahnen können.

Bevor der Handwerker seine Kollegen am Tor des Firmenhofs erreicht, hebt er sein Telefon und wackelt mit der Hand. Einer der Kollegen, der wie eine Playmobil-Figur genau mittig zwischen einem Palettenberg und einem Gabelstapler steht, hebt lachend den Daumen. Ich gehe hinein.

Im Büro ist es angenehm still. Wulf hat seine Gewohnheit, am Tag nicht mehr als zwanzig Sätze zu sprechen, beibehalten. Zusätzlich haben wir uns darauf geeinigt, dass das kleine Digitalradio die Nachrichten, die Werbung und die Popmusik der 80er, 90er und gegenwärtigen Jahre nur noch in Flüsterlautstärke in die Räume abgeben soll, wie ein Raumerfrischer seine feinen Pumpstöße. Vom Klangteppich der meist angenehmen und vertrauten Popmusik als Untermalung der Arbeit hört man so immer noch genug. Die Nachrichten allerdings werden so angenehm gedämpft, sie sind nicht mehr als das Wispern der Geister in der Maschine, ihr Inhalt belastet nicht länger. Kein Mensch kann im Jahre 2025 noch konzentriert arbeiten, wenn er gleichzeitig stündlich den Neuigkeiten aus aller Welt ausgesetzt ist. Was früher in mehreren Jahren geschah, stürzt nun im Wochentakt auf uns ein. Kriege, Attentate, gigantische Brände, Flugzeugabstürze, Putschversuche, Regimewechsel, rätselhafte Todesfälle, neue Viren, Massenmissbrauch Minderjähriger durch Rap-Stars und Schauspieler. Erfundene und tatsächliche Verschwörungen, die es nicht leichter machen, mit unserem Dauergast Jonas umzugehen, der zwar immer noch keinen Bundestrojaner auf dem Rechner installiert bekommen hat, mittlerweile aber bei zahllosen Themen mit dem Fingerknöchel auf den Tisch klopfen und sagen kann: «Seht ihr, ich hab's doch immer gesagt!»

Das Radio schickt gerade auf sanften Schwingen «I Still Haven't Found What I'm Looking For» von U2 durch den Flur. Es steht dort, um uns alle gleichzeitig in den neuen, viel größeren Räumlichkeiten zu versorgen. Meine Partnerin und Controllerin Jutta, Licht meines Lebens, aber auch meiner Zahlen, die vorn aus dem Extrabüro für die Buchhaltung winkt. Wulf in seinem eigenen Reich abseits der Werkstatt, wo er hinter fünf geschwungenen Monitoren, die einen Halbkreis bilden, wie der Chef eines Geheimdienstes wirkt und wo zwei noch leere Arbeitsplätze auf neue Mitarbeiter warten. Und mich in meinem kleinen Büro schräg gegenüber, in das der Glastisch und zwei Sofas gewandert sind.

«I have run through the fields / only to be with youuuu.»

U2 hatten es 2014 geschafft, sich dadurch unbeliebt zu machen, dass sie ihr neues Album ungefragt und zwangsweise an alle verschenkten. Aber was heißt schon verschenken? Es war auf einem speziellen U2-iPod vorinstalliert, der fünfzig Euro mehr kostete als das übliche Modell. Nix pro bono.

Ich ziehe mir einen Kaffee am großen, schwarzen Vollautomaten mit dem digitalen Display, über dem ganz analog das Whiteboard mit unseren Strichlisten hängt. Wir führen immer noch Buch über die häufigsten Sätze und Ausrufe der Kunden. Den ersten Platz hält weiterhin *«Ich hab nix gemacht!»*. Die etwas trotzige Wendung *«Das kann ja gar nicht sein!»* hatte den zweiten Platz eine Weile lang erobert, ist aber längst wieder aus den Top 5 gefallen. Eine Weile lang wäre *«Bleiben Sie gesund!»* auf die eins gegangen, aber den haben wir mangels IT-Bezug nicht mitgezählt. Dafür eroberten in der Corona-Zeit, als alle plötzlich den ganzen Tag in virtuellen Meetings saßen, ganz neue Sätze die oberen Plätze. *«Ich komm da nicht mehr rein!»* oder *«Du bist eingefroren!»* oder *«Du hörst uns noch, aber wir hören dich nicht mehr.»* In den vergangenen zwei Jahren haben sich die Probleme dann wieder verschoben und langsam, aber sicher kriechen *«Einen neuen Rechner kann ich mir nicht leisten»*, aber auch *«Dann frage ich lieber ChatGPT»* Platz für Platz nach oben. Ich nehme den Stift und mache einen Strich neben dem Klassiker *«Können Sie mal kurz gucken?»*, der beständig zwischen Platz 7 und Platz 12 changiert, aber nur dann zählt, wenn auf die Hilfe wirklich keinerlei Bezahlung folgt.

Wulf arbeitet in der Werkstatt, die man zwischen unseren beiden Bürotüren als Kopfraum betreten kann und aus welcher der Blick auf den einsamen Kreisverkehr mit der Esche fällt, an einem großen Desktop-Rechner. Diese klobigen, schweren Geräte, deren Seitenwand man aushaken und wie ein Chirurg jedes einzelne Organ in ihnen austauschen und optimieren kann, sind bei normalen Nutzern immer seltener geworden. Als ab den Neunzigerjahren nach und nach jeder Haushalt einen Computer bekam, waren sie selbstverständlich der Standard, und selbst der ganz normale Nutzer hatte eine vage Vorstellung davon, was wir meinten, wenn wir von der Grafikkarte, der Soundkarte, dem Motherboard oder der Erweiterung des temporären Speichers durch frische RAM-Riegel sprachen. Überall standen die Dinger unter Schreibtischen oder sogar in einem eigens dafür gedachten Computerschrank, den die Möbelhäuser damals zu Zehntausenden verkauften. Die Tastatur auf einem ausziehbaren Brettchen, die Maus daneben auf einem oft individuell bedruckten Pad, über dessen leicht raue Gummifilz-Oberfläche die damals noch physische Kugel gut gleiten konnte ... um dabei all den Staub einzusammeln, der regelmäßig zu entfernen war. Richtige Lautsprecherboxen, angeschlossen an den Klinkeneingang im Rücken des Rechners. Tiefe Röhrenbildschirme, die beim Umzug neben Kühlschrank, Waschmaschine und Fernseher zum Schwersten gehörten, was zu tragen war.

Vor allem unter Gamern sind große Rechner allerdings sogar häufiger geworden. Zahllose Firmen bieten hochpreisige Kompositionen aus Komponenten voller

Hardware-Power, gern mit einer Glasscheibe verkleidet, sodass man das Innenleben, schick mit LEDs beleuchtet, bewundern kann. Unsere Privatkunden gehören weniger zu dieser Gruppe und kommen meist mit Laptops zu uns, an denen immer weniger überhaupt demontierbar ist. Wulf stellt sich der Herausforderung trotzdem jedes Mal, studiert jede Schraube der kleinen Klapprechner und sucht nach Möglichkeiten, sie irgendwie öffnen und wieder schließen zu können, obwohl sie immer öfter sogar einfach verklebt sind. Hin und wieder wechseln wir noch eine Tastatur bei diesen Laptops, aber in den meisten Fällen wollen die Menschen einfach nur ihre Daten gerettet haben und tauschen die Hardware selbst alle paar Jahre so beiläufig aus, wie man es mit einem Smartphone zu tun pflegt. Nein, Laptops machen bei Weitem nicht so viel Freude wie richtige Rechner beziehungsweise das, was Wulf und ich weiterhin als richtige Rechner bezeichnen, und ich bin froh, auf dem Land zu leben, wo neben jungen Gamern auch immer noch genug erwachsene Herren und manchmal auch Damen existieren, die selbst für Word, Windows 11 und aktuelle Anwendungen weiterhin nach einem Großgerät verlangen.

Während Wulf sich mit einem richtigen Computer vergnügen darf, habe ich die Fleißaufgabe auf dem Tisch, ein Kleingerät einzurichten. Die Kundin, Frau Westerholt aus dem Neubauviertel am Ortsrand, das sich Jahr für Jahr näher an die Bauernschaft heranfrisst, hat mir in schöner Schreibschrift auf einem karierten DIN-A5-Block ihre Wünsche notiert. Ein «richtiges» Office solle es sein, bloß nicht das neue, wo alles nur in der Wolke ist und sich sogar automatisch mit den Servern von Microsoft synchronisiert.

«Meine Briefe gehören mir», sagte Frau Westerkamp, als sie den Laptop in unsere Werkstatt trug. Sie schreibt noch viele davon, druckt sie auf einem der letzten Tintenstrahler des Münsterlands aus, garniert den Text mit ein paar kleinen Zeichnungen und einer Unterschrift aus dem Füller und schickt die Dinger auf klassischem Postwege zu Verwandten und Freunden im ganzen Bundesgebiet und dem europäischen Ausland. Auf den zahlreichen Kreuzfahrten, die sie als frühe Witwe zum Unmut ihrer Kinder bucht, weil jede davon das Erbe um eine nicht unerhebliche Summe weiter abschmelzen lässt, lernt sie eine Menge neuer Menschen kennen. Kein Microsoft 365 also, sondern die klassische Variante des Office-Pakets, einst in großen Kartons vertrieben, heute als Lizenz online zu erwerben. Ein gutes Anti-Viren-Programm wünscht die ehemalige Gattin eines Spediteurs, der die Firma damals gerade noch rechtzeitig verkaufte, um die ersten Kreuzfahrten mit seiner Frau gemeinsam erleben zu können, ebenfalls. Außerdem Outlook für die wenige Post, die nicht in Umschläge kommt, sowie einen guten Browser. «Und, ach ja», fügte Frau Westerkamp vor einigen Tagen im Konferenzraum, den wir auch noch extra eingerichtet haben, noch hinzu und tippte mit den rot lackierten Nägeln auf ihren Notizblock, «machen Sie mir was Schönes zum Spielen drauf. Auf Seite 2 habe ich ein paar Sachen aufgeschrieben.»

Ich nehme den Block zur Hand und lese die Titel. Der U2-iPod stand im Jahre 2004 in den Regalen, also bereits vor zwei Jahrzehnten, auch wenn es sich nicht so anfühlt. Ich sag mal so: das neueste der von Frau Westerkamp notierten Spiele kam noch vor «Songs of Innocence» heraus.

Goldene Regel im Umgang mit Kunden:

Die meisten Menschen gehen davon aus, dass alle Systeme endlos abwärtskompatibel sind. Das liegt daran, dass wir alle selbst endlos abwärtskompatibel sind und vor allem als Erwachsene ständig den Eindruck haben, die Alben von Nirvana, die Getränkedose mit der Lasche zum Abreißen oder die Wahl von Angela Merkel zur Kanzlerin wären gestern gewesen. Die Einsicht, dass vor allem Technik die Zeit nicht konserviert, ist daher den Menschen auch psychologisch behutsam zu erklären.

Ich greife zum Hörer und rufe die Kundin an. Den Betrieb einer Festnetzanlage lasse ich mir nicht nehmen, auch wenn sie inzwischen natürlich als Voice-Over-IP läuft. Doch das tatsächliche Abheben eines echten Hörers ist wundervoll ... und außerdem hat man nur so die Möglichkeit, auch mal ganz erbost mit einem lauten Knall aufzulegen. Die Kunden, die das mit ihrem Smartphone versucht haben, habe ich schon zur Handywerkstatt in der Nachbargemeinde geschickt.

«Westerkamp?»

«Ja, hallo, Frau Westerkamp, Spielbusch hier. Ich rufe

an wegen der wunderbaren Spiele, die Sie wieder auf Ihrem neuen Rechner haben wollen. Das sind, wie soll ich sagen, sehr klassische Titel.»

«Fünf Prozent!»

Frau Westerkamp lacht, während sie das sagt. Wie jemand, der ein Kind dabei beobachtet, wie es das erste Mal *Die Monster AG* schaut, ganz vorn auf der Sesselkante, und mit seinen acht Jahren nicht weiß, was als Nächstes passiert.

«Wie? Fünf Prozent.»

«Fünf Prozent dürfen Sie auf Ihr Honorar draufschlagen. Darum geht's doch, oder? Wir haben das jedenfalls damals in der Spedition immer so gemacht.»

«Was haben sie gemacht?»

«Was wollten Sie gleich sagen, Herr Spielbusch? Welcher Satz lag Ihnen auf den Lippen? Seien Sie ehrlich.»

«Na ja ...»

Sie nimmt mir die Antwort ab.

«Das wird nicht ganz so einfach. Das wollten Sie doch sagen, nicht wahr?»

Mein Schweigen am Hörer redet laut davon, wie gut sie den Nagel auf den Kopf getroffen hat.

«Sehen Sie? Wenn damals jemand in der Spedition angerufen hat, mit einem ganz normalen Auftrag, sagen wir, zehn Paletten Papierwaren hier vom Münsterland rauf nach Hamburg. Keine offene Ladung, kein Gefahrengut und die meiste Zeit geradeaus. Dann habe ich trotzdem kurz am Telefon geseufzt, zu meinem Mann gesehen, der nickte, und zum Kunden gesagt: ‹Das wird nicht ganz so einfach.› Damit er kurz Angst kriegt, dass aus dem Terminauftrag nichts wird. Man kann dann noch Gründe erfinden von wegen Feuergefahr oder der aktuellen Baustellenlage auf der Strecke, die komplexe Umleitungsfahrten erfordert. So oder so, irgendwann kam dann der Satz, den wir alle als Dienstleister hören wollen. Na, kennen Sie ihn?»

Ich räuspere mich. Das Digitalradio wispert jetzt «Bad Liar» von Selena Gomez über den Flur, als wüsste es, was gerade geschieht.

«Herr Spielbusch, es muss Ihnen nicht unangenehm sein. Der Satz lautet natürlich: ‹Und was können wir da machen?› Wenn der fällt, haben wir den Kunden. Jackpot. Zuvor habe ich mir irgendeinen Zusatzaufwand ausgedacht und fünf Prozent mehr berechnet, die den schweren Auftrag auf einmal doch möglich machen. Nur fünf Prozent? Der Kunde war erleichtert. Jedes Mal. Und für uns haben sich die ständigen fünf Prozent über die Jahrzehnte so geläppert, dass sie allein schon drei Kreuzfahrten finanziert haben.»

Ich höre der Frau zu und frage mich, ob ich für diese Welt zu gut geraten bin.

«Ich erfinde die Schwierigkeiten nicht. Computer sind nicht so einfach abwärtskompatibel.»

«Wieso nicht? Ich kann mich heute noch in einen alten Passat aus den Achtzigern setzen und über die Autobahn flitzen.»

«Der Vergleich hinkt, Frau Westerkamp. Fahren Sie überhaupt einen alten Passat?»

«Nein, einen blutjungen Benz.»

Meine Güte, was muss sich das Speditionswesen unter Kohl, Schröder und der frühen Merkel gelohnt haben.

«Gut», fahre ich fort, «können Sie in dem brandneuen Benz noch Kassetten abspielen?»

«Ach so!», scheint sie zu begreifen. «Sie meinen, es liegt daran, dass mein neuer Rechner keinen Schlitz mehr für die CDs hat, auf denen die Spiele hier rumliegen?»

Einen Moment lang weiß ich nicht, ob diese frische Information mich erleichtert oder stresst. Ohne virtuelles Betriebssystem werde ich ihre Wünsche nicht erfüllen können, und sicher könnte ich Dateien der alten Spiele irgendwo im Netz finden. Sie alle schon zu haben, samt der Lizenzcodes, erleichtert so einiges. Und ein CD-ROM-Laufwerk lässt sich extern anschließen.

«Sie haben alles da? Das ist gar kein Wunschzettel, sondern eine Inventurliste?»

«Wenn Sie's so ausdrücken wollen.»

«Das mit dem Laufwerk ist kein Problem», erkläre ich, «es liegt am Betriebssystem. Es ist zu schnell. Der Rechner denkt anders, wenn Sie so wollen.»

«Dann war Ihre Metapher mit den Kassetten im Auto aber auch schief», sagt Frau Westerkamp. «Dann hätten Sie sagen müssen, ich will in einer uralten Opelkarosserie mit einem heutigen Porschemotor fahren.»

Einen Moment bin ich sprachlos.

«Gibt's denn eine Lösung? Hallo? Herr Spielbusch?»

Ehe ich meinen Mund bremsen kann, fällt es aus ihm heraus: «Ja, aber das wird nicht ganz so einfach.»

Jetzt lachen wir beide schallend los, sodass sogar Wulf den Kopf aus der Werkstatttür streckt.

«Fünf Prozent», sage ich, mir ein Tränchen aus dem Augenwinkel wischend. «Das kriege ich hin.»

Ein virtueller PC

Wer sehr alte Spiele wiederbeleben möchte, ohne sich dazu einen zweiten Rechner mit der alten Original-Hardware hinzustellen, kann den alten Rechner auf seinem neuen simulieren. Dazu braucht man eine Software wie VirtualBox, mit der man eine «virtuelle Maschine» auf dem aktuellen PC einrichten, das Betriebssystem bestimmen und diesem «Rechner im Rechner» die passenden Ressourcen zuweisen kann. Dann muss man diesem virtuellen Rechner nur noch eine virtuelle Festplatte (VDI – Virtual Disk Image) zuordnen und darauf erst das alte Betriebssystem und dann, wenn vorhanden, die alten Programme und Spiele installieren – genau, wie man es auch auf einem echten machen würde. Dazu nutzt man entweder sogenannte ISO-Dateien aus dem Netz oder man hat sein altes Windows XP, sein altes Office und die zwanzig Jahre alten Spiele tatsächlich noch physisch auf CD herumliegen. Trotz allem gilt besonders bei den Spielen, dass man oftmals noch sehr lange mit den Einstellungen der Bildschirmauflösung, der Farbtiefe und der Sound-Erzeugung herumprobieren muss, bis sie wirklich auf dem virtuellen Rechner laufen. Mit anderen Worten: Das wird nicht ganz so einfach.

Einige Stunden lang versinke ich in der Aufgabe. So mag ich das, selbst, wenn ich keine fünf Prozent draufschlagen dürfte. Eine Mission statt Dutzender gleichzeitig, konzentriertes Single Tasking. Es hat Vorteile, dass ein Teil der Kundschaft sich heutzutage gern über WhatsApp meldet statt anzurufen. So kann ich die Anfragen auflaufen lassen und später abarbeiten. Die wenigen Anrufe, die während meiner Bastelei an der virtuellen Maschine für Frau Westerkamp reinkommen, beantworte ich knapp und höflich. Als ich sicher bin, dass der Rechner im Rechner schon mal läuft, rufe ich die ehemalige Spediteurin zurück und verabrede eine Übergabe der alten Spiele-CDs. Zufrieden lehne ich mich in meinem Gamingstuhl, aus dem heraus ich auch glaubhaft als Streamer auf Twitch agieren könnte, zurück, da klingelt es, und nachdem ich ohne Hinzusehen auf den Türöffner gedrückt habe, stiefelt wenige Momente später der Arbeiter von heute Vormittag herein. Ein paar dunkle Spuren auf dem Teppich hinterlassend, aber strahlend wie die Sonne am ersten Tag, legt er einen Fünf-Euro-Schein auf meinen Schreibtisch, klopft einmal mit den Fingerknöcheln daneben, tippt sich an die Stirn und sagt: «Kaffeekasse. Für vorhin, als Sie mein Handy gerettet haben. Schönen Tag noch.»

Verdutzt, aber schmunzelnd stecke ich den Schein in unser Sparschwein von *Squid Game*, das Wulf auf dem Sideboard im Flur neben das Radio und den Kaffeeautomaten gestellt hat, nehme den kleinen Schwamm von der Ablage des Whiteboards und wische den Strich bei «Können Sie mal kurz gucken?» wieder weg.

Die Sparfüchse

«Das machst du nicht. Patrick, nein! Du stürzt dich und deine Familie ins Unglück.»

Vierzehn Worte. Wulf und ich haben uns darauf geeinigt, das morgendliche «Moin» nicht zu seinem täglichen Kontingent zu zählen, aber selbst ohne diese Begrüßung waren das schon vierzehn Worte.

«Ja, natürlich bin ich ein Mann, der von der digitalen Welt lebt, aber gerade deshalb sage ich dir: Lass die Finger davon!»

Sechsunddreißig Worte. Er muss sich ernsthafte Sorgen machen um den Menschen am anderen Ende der Leitung. Nervös schreitet Wulf im Flur auf und ab. Wahrscheinlich zählen wir diesen Exzess an Sprache auch nicht, weil es sich nicht um ein berufliches Telefonat handelt, sondern er offenbar einen Bekannten vor sich selbst retten muss.

«Kauf Gold. Kauf Silber. Kauf meinetwegen Aktien von Netflix und Sony und Microsoft und NVIDIA, von denen auf jeden Fall. Kauf meinetwegen ein paar marode Wohnungen in Walstedde, mache sie wieder fit und vermiete gewinnbringend – aber bitte, Patrick, mit Zucker oben drauf, lass die Finger von NFTs ... Ja ... Ja, genau. Bitte. Danke. Wir hören uns.»

Noch einen Moment steht Wulf da, kratzt sich im Nacken und schüttelt den Kopf.

«Jemand, den du kennst, will NFTs kaufen?», frage ich.

Wulf zieht sich einen Kaffee und gibt gleich drei Stückchen Zucker hinein. Ich ziehe mir einen schwarzen und wir schlendern zu meinem Büro. Am Glastisch in der Fensterecke sitzt Jonas und fischt sich künstliche Erdbeeren aus einer weißroten Haribo-Tüte. Er hat selbst herausgefunden, wo sich die Firma jetzt befindet, nachdem er an einem kühlen Spätwintermorgen an alter Stelle vor verschlossener Tür stand. Zwei Wochen tat er beleidigt, doch seither wohnt er wieder hier, wie ein Hausgeist.

«Patrick, ein Schwippschwager. Ist durch ein Erbe zu etwas Geld gekommen und befindet sich gerade im Investitionswahn.»

«Fünfzig», sagt Jonas zuckerschmatzend, «du hast schon fünfzig Worte auf der Uhr.»

«Das ist privat, das zählt nicht», entgegnen Wulf und ich beide im Kanon. Jonas hebt Brauen und Hände.

«NFTs, ich werde verrückt», murmelt Wulf, kehrt mit dem Kaffee in die Werkstatt zurück und widmet sich schnell dem aktuellen Rechner, um sich abzulenken.

NFTs

Die seit einigen Jahren erhältlichen NFTs (Non-Fungible Tokens) sind digitale Zertifikate, die den Besitz an einer einzigartigen digitalen Datei bezeugen. Der Käufer besitzt somit ein Gemälde, ein Musikstück oder einen virtuellen Gegenstand jedweder Art genauso als Unikat, wie wenn es ihm gelungen wäre, ein Original von Picasso zu ergattern. Die künstlich erzeugte Einzigartigkeit basiert auf der Blockchain, also der gleichen Technologie, die auch Kryptowährungen wie Bitcoin ihren Wert verleiht. Anders als Bitcoins sind NFTs jedoch nicht untereinander austauschbar – jedes NFT ist einzigartig, daher der Begriff «Non-Fungible». Im Rahmen dieser neuen Investitionsform ist eine Blase entstanden, da viele Interessenten dazu geführt haben, dass inzwischen absurde Preise aufgerufen werden. Doch der Wert kann auch wieder rapide fallen ... wenn es sich nicht tatsächlich um einen Picasso handelt. Anders als diesen allerdings darf ein virtuelles Werk weiterhin jeder ansehen, denn das NFT bezeugt zwar das Eigentum daran, garantiert aber kein exklusives Nutzungsrecht.

«Bitcoin ist sowieso eine Verschwörung der Eliten», sagt Jonas. Ich schaue von der E-Mail auf, die ich gerade an einen Kunden, Herrn Grütering, zu verfassen begonnen habe.

«Die Leute sind so naiv», fährt Jonas fort. «Gerade auch die vermeintlich Kritischen. Die denken ernsthaft, Bitcoin und all die anderen digitalen Münzen wären Anarchie und Freiheit vom Staat. Lachhaft! Wenn den Staat wirklich was gefährdet, lässt er gar nicht erst zu, dass es so schnell so groß wird.»

Ich seufze.

Ehe Jonas mit seinem Vortrag durch ist, wird er ohnehin keine Ruhe geben, also sollte man es eher beschleunigen.

«Und wieso haben sie es zugelassen?»

«Weil sie wollen, dass wir alle uns langsam an den Gedanken rein digitalen Geldes gewöhnen, natürlich. Und wenn die Zeit reif genug ist, geben sie als einzige die offizielle virtuelle Währung aus, den digitalen Euro, verbieten die anderen ... und das Bargeld gleich mit. Dann haben wir alle ein Konto bei der Europäischen Zentralbank und man kann uns den Geldhahn abdrehen, wenn wir uns nicht staatstreu genug verhalten. Wie in China, mit diesen sozialen Kreditpunkten. Könnt ihr alles nachlesen. Steht auf meinem Blog.»

Immerhin das muss man dem Jungen lassen, der eigentlich ja gar kein Junge mehr ist: Hat er früher alles nur in die Luft gequatscht, sammelt er seine Verschwörungserzählungen jetzt an zentraler Stelle. Das Schlimme ist, dass ein paar davon in den vergangenen Jahren wahr geworden sind. Andere wiederum fallen irgendwo in den Bereich zwischen Kirmeswahrsagerin und LSD-Trip. Die einen von den anderen zu unterscheiden, ist meistens eine Tagesaufgabe.

Als ich die Mail an Herrn Grütering fertig geschrieben habe, ganz sorgfältig, denn Herr Grütering legt größten Wert auf korrekte Rechtschreibung und würde uns eher die Aufträge entziehen, wenn er Tippfehler in Mails entdecken würde, als wenn sein Rechner zusammenbricht, klingelt das Telefon.

Frau Fuchs.

Seit eine befreundete Firma aus Münster uns dieses mittelständische Unternehmen als Kunden überlassen hat, wundern Wulf und ich uns, wie Frau Fuchs und ihr

Mann so passend heißen können. Denn sie sind die größten Sparfüchse, die uns jemals untergekommen sind. Als wir bei ihnen in der Firma waren, die vollkommen unverständliche Drahtwaren herstellt, die allerdings offenbar europaweit gebraucht werden, durfte ich auf der Toilette erstmals diesen Spardrang spüren. Das zweilagige Papier löste sich bereits auf, als ich mich meiner Haut damit näherte. Zwei Zentimeter, bevor es meinen Körper berührte, zerfiel es durch dessen minimale Feuchtigkeit und Wärme. In der Schüssel hing ein Duftsteinhalter aus weißem Kunststoff, dessen Stein selbst sich bereits aufgelöst haben muss, als Helmut Schmidt noch Kanzler war. Wir installierten dem Unternehmerpaar eine Zeiterfassungsanlage und wagten kaum daran zu denken, was ihre Mitarbeiter nun erwarten würde. Die Software für die Zeiterfassung wiederum wollten Frau und Herr Fuchs selber einrichten, um das Honorar für rund drei Stunden unserer Dienstleistung zu sparen.

Kurz überlege ich, die Zeit des Anrufs zu stoppen und als Arbeitsminuten zu berechnen, lege mein Handy aber wieder beiseite und hebe den Hörer vom Festnetz ab. Grußlos legt Frau Fuchs los, denn schon ein «Hallo» würde sie kostbare eigene Zeit kosten.

«Ich komme mit der Erfassung der Stammdaten der Mitarbeiter in der Software nicht weiter. Könnt ihr dabei helfen?»

Das Du haben die Füchse in diesem Fall uns angeboten, nicht umgekehrt. Ich vermute dahinter die feine Manipulation, dass man Geduzten gegenüber automatisch nachsichtiger wird. Zugleich befriedigt es mich etwas, dass sie es nicht schafft, die fummelige Software der Anlage allein einzurichten.

«Aber gern doch. Was verstehst du nicht?»

«Alles. Ich komme mit der ganzen Software nicht klar, die habe ich ja vorher noch nie gesehen.»

«Sag nicht so was!»

Die Füchsin ignoriert meine Ironie.

Ich fahre fort. «Bevor ich dir das Erfassen der Stammdaten und die sonstigen Einstellungen so erklärt habe, dass du es blind bedienen kannst, buche doch einfach unsere dreistündige Dienstleistung. Dann machen wir das in Ruhe fertig, und du hast nichts damit zu tun.»

Schweigen im Hörer.

Die Art von Schweigen, durch die man als IT-Mann begreift, dass der Kunde es längst eingesehen hat, aber es noch nicht ganz eingestehen will. Ein Knacken, als würde der Fuchskiefer mahlen. Ein Knistern, als zöge die Frau an ihrer Zigarette. Nach weiteren zehn Sekunden, die ich stoisch wie Seneca abwarte, ist es endlich so weit.

«Okay, was soll ich machen?»

«Erstelle mir bitte eine Excel-Liste mit allen Stammdaten deiner Mitarbeiter. Also Name, Adresse, Geburtsdatum, Versicherungsnummern, Arbeitsmodell, was immer ihr da drin benötigt.»

Jetzt kratzt es am anderen Ende der Leitung. Die Füchsin schreibt mit.

«Ja, gut. Sonst noch was?»

«Nein, das ist es schon. Wenn wir die Tabelle kriegen, übertragen wir alles in euer System, und das war's. Genial, oder?»

«Ja, ja. Okay. Gib mir ein paar Stunden.»

Und sie ist weg.

Auch an Verabschiedungen spart sie, sie könnte in Filmen mitspielen, wo die Szene auch oft wechselt, bevor zwei Figuren sich förmlich auf Wiedersehen gesagt haben.

Die «paar Stunden», welche die Füchsin sich erbeten hat, werden zu vier. Der Nachmittag legt sich gerade über das Land, und Jonas ist von den Erdbeeren auf schwarze Lakritzschnecken umgestiegen, als eine E-Mail meinen Posteingang erreicht, die allerdings keine Datei mit der Endung *.xls oder *.xlsx enthält, sondern den Namen mitarbeiter.jpg trägt.

JPEG?

Ein Bild?

Denkt sie, ich brauche für ein harmonisches Arbeiten noch ein Foto von der gesamten Belegschaft, bevor ich gleich die Excel-Tabelle kriege?

Ich öffne die Datei und brauche eine Weile, um zu akzeptieren, dass ich dort sehe, was ich sehe. Jonas liest gerade mit Begeisterung den Roman einer Kundin von uns, die hauptberuflich als Schriftstellerin und Designerin unterwegs ist und eine Geschichte alternativer Zeitlinien verfasst hat. Bin ich jetzt gerade in einer solchen gelandet? Kann die Füchsin ernst meinen, was sich hinter mitarbeiter.jpg verbirgt?

«Kommt mal.»

Atemlos fallen diese zwei Worte aus meinem Mund. In der Mehrzahl, als ob Jonas tatsächlich schon Teil des

Teams wäre. Glücklich über diese Anerkennung, steht er schneller hinter mir als Wulf, der eher gemächlich in mein Büro schreitet.

«Was ist das?», fragt Jonas.

Kaum traue ich mich, es auszusprechen, höre aber schon das tiefe Grunzen, das Wulfs Kehle entsteigt, der in diesem Moment begriffen hat.

«Das, meine lieben Freunde, ist ganz offenbar eine Tabelle, die unsere Kundin ausgedruckt und dann Spalte für Spalte per Hand mit dem Kugelschreiber ausgefüllt hat.»

Jonas beugt sich über meine Schulter. Er riecht nach Tagtraum, ein Bioduft von dm. Wilde Rosen, Geranien, etwas Holz, ein bisschen Vanille und Tonkabohne. Zehn Euro das Fläschchen. Kein Mikroplastik.

«Kokoslowsky, Koçak, Aydoğdu.»

Jonas liest die Namen des Personals langsam vor, da sie schwer zu entziffern sind. Weniger wegen ihrer polnischen, kroatischen oder türkischen Herkunft, sondern weil die Füchsin die Tabelle per Hand nicht mal in Blockschrift ausgefüllt hat, sondern die Schreibschrift aus der Schule noch in Ehren hält. Und weil das Bild der ausgedruckten Tabelle nicht einmal ein Scan ist, sondern ein unscharfes Foto. Man sieht sogar die Ränder des Blitzkreises auf dem dunklen Schreibtisch. Alles ist verwackelt, der Rest des Raumes viel zu dunkel.

«Owsianowski, Herrmanns, Michalopoulos.»

Wulf grunzt erneut. «Ich hätte doch Klärwerktaucher werden sollen.»

Jonas sieht ihn erstaunt an. Von einer solchen Zeitlinie hat er noch nie gehört.

«Das kann doch nicht deren Ernst sein», flüstere ich und sehe mich die halbe Nacht die kryptischen Informationen aus dem Foto übertragen, «das wirkt wie einer dieser Verschwörungsbeweise, die Jonas über Telegram angespült bekommt. Die Geburtsdaten und Versicherungsnummern sind teilweise überhaupt nicht zu entziffern.»

Wulf zieht die Nase hoch, atmet tief durch den Mund aus und sagt: «Wisst ihr was? Scheiß drauf. Ich mache heute auch beruflich mehr als zwanzig Worte.»

«Erziehungsfall?», frage ich.

«Erziehungsfall!», antwortet er.

Goldene Regel im Umgang mit Kunden:

Verhält sich ein Kunde ganz besonders frech, respektlos oder in einem Ausmaß dämlich und hanebüchen, dass es wirkt, als wäre es für ein Buch erfunden (was es nicht ist), haben wir als IT-Dienstleister die didaktische wie menschliche Pflicht, diesen Kunden zu erziehen. Dies kann je nach Fall durch gezielte Schockelemente, falsche Fährten mit Pointe oder ganz geradlinig durch offen geäußerten Zorn und elterliche Strenge geschehen. Tritt danach eine Besserung ein, behält man den Kunden. Fruchtet alles nichts, sollte man sich von ihm lösen.

Eine Minute später steht Wulf aufrecht wie ein Rektor im Raum und wartet darauf, dass die Füchsin ans Telefon geht.

«Ja, Wiegner, Philipp Spielbusch Computer. Sagen Sie, wollen Sie uns verarschen?»

Hui. Heute entscheidet sich Wulf für den ganz direkten Weg. Und er siezt.

«Ein Foto? Ihr Ernst? Aber gut, nehmen wir an, Sie gehören zu den wenigen Unternehmerinnen, die eine Excel-Tabelle nicht in Excel ausfüllen können – man kann nichts, aber auch gar nichts auf dem Foto erkennen, geschweige denn entziffern.»

Die Kundin scheint irgendwas zu antworten, schnell und bündig. Wulf quittiert es mit einem knappen «Ja», da hat sie schon wieder aufgelegt.

«Und?»

«Sie melden sich.»

Es dauert keine Stunde, da habe ich statt der Füchsin den Fuchs selbst am Telefon. Ebenfalls ohne Begrüßung brüllt der Herr des Drahtes durch den Draht.

«Was fällt Ihnen eigentlich ein, meine Frau zu beschimpfen? Sie hat Blutdruck.»

Kurz bleibt mir die Spucke weg. Wulf nähert sich und deutet mit einem Handwedeln an, dass er gern wieder übernehmen könne, aber ich winke ab. Versuchen wir es ein letztes Mal. Geduldig wie streng erläutere ich den Fall und bitte den Mann, der seit dreißig Jahren ein Unternehmen leitet, um eine Erklärung, wieso man die Stammdaten nicht direkt in eine Excel-Tabelle eintragen kann, wenn man sie doch schon zuvor in mühevoller Arbeit erstellt hat. Der Fuchs hat keine plausible Antwort auf diese rhetorische Frage. Leicht zerrissen zwischen meinem berechtigten Vorschlag und der durchaus lobenswerten Loyalität zu seiner Frau, sagt er nach einer Weile zu, dass wir die Tabelle bis morgen Abend bekommen.

«Nein. Nein, Patrick, auch in junge Start-ups zu investieren, ist keine gute Idee. Ja, Amazon war auch mal eins, ich weiß, aber auf ein Amazon kommen tausend, die nix werden.»

Der nächste Tag ist angebrochen und Wulf erfüllt erneut seinen Erziehungsauftrag beim neureichen Schwippschwager. Der andere bei der Füchsin scheint trotz der Empörung ihres Gatten gefruchtet zu haben, denn in meinem Posteingang finde ich zum Start des Tages eine Mail der Drahtfirma vor. Ich lächele, als ich das Dateikürzel *.xlsx erkenne, aber das Lächeln gefriert, als ich den Rest des Namens lese: Microsoft Excel-Arbeitsblatt (neu).xlsx».

Ich öffne das Ding und sehe, was ich bei dem Namen befürchtet habe. Leere Blätter. Keine gemalten Tabellen, keine Mitarbeiterdaten. Seufzend reibe ich mir die Augen und starre auf den heute verwaisten Glastisch. Jonas hat ein Bewerbungsgespräch für einen Nebenjob als Friedhofsgärtner. Eine Tätigkeit, die er «ethisch verantworten kann», wie er sagt. Im Hauptberuf sieht er sich ja als Aufklärer, und viel Geld braucht er nicht. Derzeit lebt er in einem kleinen Wohnwagen auf dem Campingplatz Rinkerode.

Ich greife zum Hörer.

Der Fuchs ist dran.

«Die Datei ist leer», sage ich, angepasst an die Stammeskultur der Drahtmenschen ohne Begrüßung. «Blank wie ein Kinderpopo.»

«Das kann nicht sein!»

Ich notiere mir auf einem Post-it, nachher auf dem Whiteboard einen Strich neben der Phrase zu machen.

«Ist aber so. Die Datei hat nicht mal einen Namen und ist eine blanke Tabelle, eine neue Datei.»

«Als ich das abgeschickt habe, war sie voll mit den Daten. Meine Frau und ich haben uns wegen Ihnen die ganze Nacht um die Ohren geschlagen.»

«Wegen uns? Sie wollen doch was ... egal. Schauen Sie einfach nach, ob Sie mir einfach nur aus Versehen die falsche Datei gesendet haben.»

«Nein.»

«Wie, nein? Sie schauen nicht nach oder Sie haben die richtige Datei geschickt?»

«Ich habe die richtige Datei geschickt. Definitiv. Und wissen Sie was? Da Sie nun schon zum zweiten Mal unprofessionell reagieren, werden wir uns um einen anderen Dienstleister bemühen.»

«Wir? Wir verhalten uns unprofessionell?»

Es muss eine andere Zeitlinie sein, denke ich, nur wann hat sie begonnen?

«Ja», bestätigt der Fuchs, «denn Sie sind nur auf den Verkauf Ihrer sogenannten Dienstleistung aus. Sie haben Dollarzeichen in den Augen, das sehe ich von hier.»

Fuchs und Füchsin haben ihre Ankündigung wahr gemacht und uns den Auftrag entzogen. Es fühlt sich so gut an. Drei Wochen ist das nun her, und jeder Tag wirkt beschwingt, wie nach einer überfälligen Scheidung. Wulf ist ebenso erleichtert, doch der Blick, mit dem er jetzt durch den Flur läuft, setzt noch mal einen drauf. Schwer ausatmend, legt er die Hand in den Nacken und schaut an die Decke, als wäre dort das offene Firmament zu bestaunen.

«Was ist?»

«Er hat Silber gekauft.»

«Richtig so!», sagt Jonas und huscht mit seinem frischen Kaffee an uns vorbei, als hätte er gerade viel Gewinnbringendes zu tun. Bevor er allerdings in mein Büro abbiegt, dreht er sich noch mal um.

«Er soll es aber gut verstecken, dein Schwippschwager. Wenn das rein digitale Geldsystem kommt, die Staaten selber aber ihr Vermögen weiter durch echte Werte decken, werden sie kommen und danach suchen.»

Wulf und ich schauen Jonas schweigend an. Er nippt an der Tasse, zuckt mit den Schultern und schlüpft ins Büro. In meiner Hosentasche klingelt das Handy.

«Spielbusch?»

«Ja, Mon Calamari Computer hier, aus Münster.»

«Mon ... wie die ichtyoide Spezies aus *Star Wars*?»

«Ja, ja, hören Sie, bitte, ich flehe Sie an, im Namen der Rebellion und der Macht – nehmen Sie diese Kunden wieder zurück.»

«Wie, wieder zurück? Welche Kunden?»

«Herr und Frau Fuchs von Fuchs Draht.»

Ich nehme kurz das Handy vom Mund, da ich mir nicht verkneifen kann, wie ein Schulhofjunge zu gibbeln. Wulf flüstere ich zu, um wen sich der Anruf dreht.

«Hallo? Herr Spielbusch?»

«Ja, bin wieder da.»

«Die beiden sagten, sie kämen ursprünglich von Ihnen. Ein durchaus raffgieriges Haus, so beschrieben die beiden Ihr Unternehmen, es sind nicht meine Worte. Aber nach drei Wochen, die wir nun mit Ihnen arbeiten, sagen sie, seien dieser Spielbusch und sein Adlatus noch die Arbeiterwohlfahrt im Vergleich zu uns.»

Wulf sieht mich fragend an. Ich bin froh, dass er nicht gehört hat, wie er von den Sparfüchsen bezeichnet wurde, aber sein Blick bringt mich auf eine Idee.

«Ich nehme die beiden zurück, werter Kollege ...»

Aufatmen in der Leitung.

«... aber nur unter einer Bedingung.»

Luftanhalten in der Leitung.

«Eine Schmerzensgeldablöse für das, was dann wieder auf uns zukommt und von dem Sie befreit sind.»

«In Ordnung», kommt es wie aus der Pistole geschossen. «Von welcher Summe reden wir?»

«Kein Geld», antworte ich.

Der Mann hält den Hörer zu und bespricht etwas mit seinem Kompagnon im Hintergrund.

«Ein NFT», sagt er, «wir könnten Ihnen ein NFT anbieten. Sogar mehrere. Wir haben Waffen hier, für *Blast Royale* und mehrere Häuser samt Grundstück im Metaverse.»

«In Zuckerbergs Geisteruniversum, für das sich noch weniger Menschen interessieren als für die Apple Vision Pro?»

«Das kommt noch, Herr Spielbusch, Sie wissen doch selbst, dass so was dauert.»

«Zwei Unzen Feingold 999, cash auf das Händchen», sage ich.

Schlucken in der Leitung.

«Echte Werte, werter Kollege. Wenn Sie wollen, dass wir den Fuchsbau wieder öffnen, geht das nur mit harter Währung.»

«Das, äh, öh, darüber muss ich nachdenken.»

«Tun Sie das», sage ich und weiß, der Mann ist selbst Sparfuchs genug, von ihm und dem Originalfuchspaar werde ich mit großer Wahrscheinlichkeit nichts mehr hören.

Synchronschwimmen

Die beste Art, als Normalverdiener Geld zu verschwenden, besteht darin, in einer Tankstelle fünf Minuten entfernt vom eigenen Betrieb in aller Ruhe einen Cappuccino zu trinken. Den ganzen Vormittag habe ich bei Herrn Bernward verbracht. Ich bin mir sicher, dass er das Konzept der Fernwartung in Wirklichkeit längst verstanden hat und nur deswegen sagt, er bezahle «seinen EDV-Mann nur dann, wenn er ihn auch in der Firma zu sehen bekomme», weil er unsere Treffen mag und Prinzipien auch dann aufrechterhält, wenn sie sich überholt haben.

Gerade meine ich gedankenverloren, in der Schauminsel auf meinem heißen Getränk die Inselform von Malta zu erkennen, da platziert ein weiterer Gast sein weißes Porzellan neben meinem. Eine hübsche Mitvierzigerin im Business-Anzug, die Haare zum Pferdeschwanz gebunden, glitzernde braune Augen, dezentes Parfum und eine Uhr am Handgelenk, die durch Unscheinbarkeit zu verstecken versucht, dass sie mehr kostet als eine hochwertige Serveranlage.

«Auch auf der Durchreise?»

Ich schmunzle. «Ich habe schon 95 Prozent der Strecke geschafft. Gilt das noch als Durchreise?»

Sie reißt das Zuckertütchen auf und schafft, was mir noch nie in meinem Leben gelungen ist – sämtliche der winzigen Körner restlos in der Tasse landen zu lassen, ohne, dass sich auch nur ein einziges davon auf Unterteller, Tisch oder Ärmel verteilt. Immer noch beeindruckt von ihren leger getragenen Insignien des Wohlstands, schweift mein Blick durch die Glasfront der Tankstelle auf den Rand des Geländes. Neben meinem abgestellten Firmenwagen mit der aufgeklebten Aufschrift döst dort ein blitzsauberer, schwarz glänzender Audi S8 TFSI in der Mittagssonne. Ein 150 000-Euro-Fahrzeug mit 571 PS und einem maximalen Drehmoment von 800 Newtonmetern.

«Ja, das ist meiner», beantwortet sie meine unausgesprochene Frage. «Sie interessieren sich für schnelle Autos?»

Ob der lässigen Situation packt mich der Übermut.

«Na ja, an den Wochenenden fahre ich einen, der bringt es auf über 325 km/h.»

«Aston Martin? Dodge Viper?», rät sie.

«Einen Porsche 911 RSR-991, auf anspruchsvollen Rennstrecken ...» Ich mache eine verschmitzte Sprechpause. «... aber nur virtuell.»

«Virtuell?»

«Ja, aber im Profimodus! Keine Playstation-Spielerei oder so was. Ich fahre SIM-Racing, das ist richtig seriöser E-Sport, unterstützt von den echten Rennställen aus der realen Welt, mit Sponsoren und ernstem Wettbewerbscharakter. Hochrealistische Simulationen, bei denen sogar schon echte Rennfahrer mitgefahren sind. Volle Physik. Kein Controller in der Hand, sondern eine vollständig hydraulisch bewegte Kabine, ein echtes Cockpit, das sich mitbewegt, direkt bei mir zu Hause, in einem extra dafür eingerichteten Zimmer. Die Rennen werden sogar gestreamt, auf einem Twitch-Kanal.»

Der Ausdruck in den glitzerbraunen Augen verändert sich leicht. Zügig trinkt sie ihren Kaffee zu Ende, hebt einhändig Tasse wie Untertasse an, stellt sie auf die Verkaufstheke zurück, lacht, dreht sich ein letztes Mal zu mir um und sagt: «Und ich hätte darauf wetten können, dass sie verheiratet sind.»

Baff schaue ich ihr hinterher, wie sie die schlichte Tankstelle Q1 an der B58 mit der gleichen Eleganz verlässt, mit der sie wahrscheinlich auch im Festkleid aus einem Opernsaal schreiten würde.

SIM-Racing

Einen besonderen Boost erlebte das auch «E-Racing» genannte SIM-Racing (Simulation Racing) zu Beginn der Pandemie, als reale Veranstaltungen verboten waren und Rennställe wie Sponsoren dafür sorgen wollten, dass die Motorsportwelt im wahrsten Sinne des Wortes auf dem Schirm bleibt. Selbst im Vergleich zu «realistischen» Videospielreihen wie Gran Turismo wird der allergrößte Wert auf Authentizität gelegt. Physik, Streckendetails und Fahrzeughandling sind so genau wie möglich nachgebildet. Spieler nutzen spezielle Hardware wie Lenkräder, Pedale und Rennsitz-Cockpits. Ursprünglich nur ein Nischenhobby, hat sich SIM-Racing inzwischen zu einem professionellen E-Sport entwickelt, in dem Fahrer aus aller Welt in Ligen und Meisterschaften gegeneinander antreten. Einige der zunächst «nur» virtuell fahrenden Athleten haben sogar den Sprung in den echten Motorsport geschafft. Umgekehrt sorgte der im SIM-Racing mitwirkende reale Rennfahrer Daniel Abt für einen kleinen Skandal, als er einen anderen Spieler für sich antreten ließ, was durch Analyse von dessen IP-Adresse entlarvt werden konnte und zum Rauswurf von Abt aus dem Rennstall von Audi führte.

Ich beschließe, die seltsame Begegnung noch ein wenig nachwirken zu lassen. Schließlich ist die Tankstelle fünf Minuten vor Ankunft in der Firma meine Oase der Ruhe. Zumindest, wenn ich daran denke, mein Telefon in den Flugmodus zu schalten. Es klingelt, offensichtlich habe ich nicht daran gedacht. Auf dem Display erscheint das Bild meiner Mutter, oder besser gesagt das Bild, das ich meiner Mutter im Adressbuch zugeordnet habe: Maggie Smith in der Rolle als Professor Minerva McGonagall aus *Harry Potter*. Ich gehe ran.

«Sag mal, rufst du mich gerade an?»

Normale Menschen mit anderen Müttern könnten auf diese Frage sicherlich nicht so schnell reagieren, wenn sie ihrerseits von der Mutter angerufen werden. Ich allerdings habe Gewohnheit und Übung.

«Nein, Mutter, *du* rufst *mich* gerade an.»

«Das kann gar nicht sein. Eben hatte ich noch die Margot dran.»

«Ja, und dann hast du sicherlich aus Versehen aufgelegt und mich angerufen.»

«Ja, sag mal, Philipp, ich bin doch nicht dement oder was?»

Da hat sie recht. Das ist sie auf keinen Fall. Wenn sie Gäste hat, zaubert sie herausragende Drei-Gänge-Menüs, kann Vorträge darüber halten, wieso Jérémie Rhorers Einspielung von Beethovens «Missa Solemnis» neue Maßstäbe setzt und schlägt abends im Bett als Lektüre immer noch lieber einen Tolstoi auf als eine Rosamunde Pilcher. Mit der modernen Technologie allerdings steht sie seit Jahren auf Kriegsfuß. Meine Mutter und Technik kann man vergleichen mit jemandem, der zwar behauptet, eine Reha machen zu wollen, sich aber bei Ankunft des Physiotherapeuten im Klinikzimmer augenblicklich außen auf dem Sims rechts vom Fenster versteckt.

«Na gut, mein Telefon spinnt halt einfach wieder.»

«Da spinnt gar nichts, Mutter. Ich habe dir extra eine Senioren-App aufgespielt, damit du's so übersichtlich wie möglich hast. Es gibt nur noch sechs große und eindeutige Kacheln auf deinem Display.»

«Aha, und wieso rufe ich dich dann aus Versehen an?»

«Du gibst also doch zu, dass du mich angerufen hast?»

«Ja, nein.»

«Was war denn überhaupt?»

«Ja, Philipp, ich kann hier niemanden mehr finden. In der Liste stehen fünfunddreißig Mal du und dazwischen ein paar Mal die Margot und der Horst. Alle anderen Nummern sind aus meinem Telefon verschwunden.»

Einen Augenblick muss ich darüber nachdenken, was sie meint. Doch schnell fällt es mir wieder ein. Wie gesagt, Gewohnheit und Übung.

«Die Liste, die du meinst, Mutter, das ist nicht dein Adressbuch, sondern bloß das Protokoll der Menschen, die du angerufen hast oder die dich angerufen haben. Das Adressbuch ist die Kachel oben rechts. Die, wo *Adressbuch* steht oder *Kontakte.*»

«Ja, und wieso gibt es dann diese andere Liste?»

«Es ist keine andere Liste. Es ist lediglich ... wie soll ich das bloß erklären? Das ist, als hättest du ein ganz langes Papier am Kühlschrank hängen und jedes Mal, wenn du jemanden angerufen hast, schreibst du darauf, dass du ihn angerufen hast, samt Tag und Uhrzeit. Und wenn das zufälligerweise immer dieselben Leute sind, dann stehen dieselben Leute dort ganz oft untereinander. Diese Liste an deinem Kühlschrank ist aber nicht das Gleiche wie dein kleines Adressbuch oder diese Datei in deinem Computer, in die ich dir all die Kontakte aus dem kleinen Adressbuch hineinschreiben sollte und die du nie benutzt. Verstehst du? Das eine ist die lange Liste am Kühlschrank, das andere ist dein Telefonbuch.»

«Dann will ich die Liste vom Kühlschrank weghaben.»

Ihre schlagfertige Antwort beruhigt mich halbwegs, zeigt sie doch, dass sie die Logik hinter meinem Sinnbild wenigstens verstanden hat.

«Kann man die nicht löschen, diese Liste?»

«Doch Mutter, aber du weißt doch ganz genau, was passieren wird, wenn ich jetzt versuche, dir das über das Telefon zu erklären. Du wirst es versuchen, du wirst scheitern, du wirst den Lautsprecher an- und wieder ausmachen. Es wird zehn, fünfzehn Minuten unserer kostbaren restlichen Lebenszeit dauern und am Ende haben wir uns wieder für eine Woche zerstritten.»

Meine Mutter schweigt einen Moment. Sie weiß, dass ich recht habe, aber sie würde es genauso wenig zugeben wie Rainer Bernward sein Verständnis der Fernwartung.

«Seit ihr in dem neuen Gebäude seid, so ganz weit ab vom Schuss, bist du nicht mehr so gut drauf, mein Sohn. Sehr, sehr grantig und unzufrieden macht dich diese Gegend.»

«Mutter!»

«Aber gut, gut, ich verstehe, du hast zu tun. Wir lassen die Liste am Kühlschrank hängen, und du musst mich auch heute nicht mehr anrufen.»

«Ich habe dich nicht angerufen! Du hast mich angerufen!»

«Philipp, lassen wir es für heute, lassen wir es gut sein. Das wird mir jetzt alles zu viel.»

Sie legt auf, der Anrufbildschirm schließt sich, das Telefonat wird in meiner Anrufliste verzeichnet. Mein Cappuccino ist inzwischen kalt geworden. Da ich die absurden 3,29 Euro nicht einfach so verschwenden will, stürze ich den Rest hinunter, stelle die Tasse mit Dank auf die Theke, steige in den Wagen und fahre die letzten fünf Minuten zum Betrieb.

Senioren und das Smartphone

Zwar gibt es extrem simple Geräte, die keine Smartphone-Funktionen mehr haben, aber man kann sich den Kauf sogenannter Senioren-Smartphones von meist überteuerten Spezialherstellern ruhig sparen und stattdessen auf einem guten, konventionellen Gerät eine Benutzeroberfläche wie den Big Launcher, den Large Launcher, den Nectar Launcher oder den Alina Launcher installieren. Samsung bietet mit seinem «einfachen Modus» sogar eine interne Lösung. So verwandelt sich die für ältere Menschen oft verwirrende Bedienung in eine handhabbare mit wenigen, schlicht und groß dargestellten Elementen. Senioren, die mehr Ambitionen haben und die vielen praktischen wie unterhaltsamen Wunder von Smartphones und Tablet wirklich von Grund auf lernen und verstehen wollen, seien der YouTube-Kanal und die Website «Friede, Freude, Smartphone» von Gabriele Bruckmeier empfohlen. In vielen ruhig und verständlich erklärten Lektionen samt begleitendem Übungsbuch bringt die Münchnerin der älteren Generation von den Grundlagen bis zu Messengern oder Google Apps alles näher. All diese Lektionen sind freilich zwecklos, wenn die Nutzerin partout nicht lernen möchte. Hier hilft den Angehörigen nur der Gang zum Coach für Stoizismus oder der rezeptfreie Baldrian aus dem Drogeriemarkt.

Im Flur der Firma verabschiedet Wulf gerade einen gut gelaunten Kunden. Der griechisch wirkende Mann mit den dunklen Augenbrauen und einem dieser Hemden, die mir immer sympathisch gewesen sind, bei objektiver Betrachtung aber das Muster von Spültüchern haben, bekräftigt seine Absicht, fortan mit seinem Laptop besser umgehen zu wollen.

«Ich räume ihn dann auch regelmäßig auf», sagt er, «mit dem CC-Cleaner.»

Ich sehe, wie Wulfs Gesicht kurz zuckt, Augen, Nase und Wangenknochen sich für eine halbe Sekunde einander annähern, doch er hält sich zurück. Kunden mögen Lösungen, an allererster Stelle, Erklärungen an zweiter, wenn sie sie verstehen und gerade gute Laune haben, aber was sie definitiv vertreibt, sind Belehrungen. Immer noch leicht genervt von meiner Mutter, kann ich mich allerdings nicht zurückhalten, nicke dem Mann zu und rufe ihm hinterher: «Ach, und übrigens, es heißt CCleaner, ohne drittes C!»

Wulf schüttelt den Kopf und kehrt wortlos in sein Büro zurück. Ich will mich ebenfalls gerade auf den Weg in meins machen, als Jutta aus ihrem Büro stürzt. Mit den vier Fenstern, der Südlage und den großzügig aufgestellten Grünpflanzen ist die Buchhaltung im freundlichsten Zimmer der ganzen Firma untergebracht. Und auch daheim sähe es ohne ihr Händchen für eine erfreuliche Umgebung düster aus.

«Schatz, warte, bevor du weitergehst, guck!»

Schnell zückt sie ihr Handy und zeigt mir einen kleinen Clip. In erstaunlich guter Qualität beobachte ich ein Team von Teenagermädchen, das in einem hellblauen Schwimmbecken recht beeindruckende Formationen vollführt.

«Becca?», frage ich und Jutta strahlt.

Goldene Regel im Umgang mit Kunden:

Egal ob Kunde, Arbeitskollegin, Bekannter oder Freund – jeder liebt es, wenn man sich die Namen seiner Familienmitglieder und ihre Spezialfähigkeiten merkt. Man kann noch so gut arbeiten oder in seiner Freizeit in Norwegen unter Einsatz seines Lebens die Robben vor ihren Jägern retten, nichts macht einen beliebter, als stets parat zu haben, was eine Nichte, eine Oma oder der Cousin aus dem Oderbruch gerade so treiben. Wem das nicht liegt, darf ruhig eine entsprechende Datenbank anlegen und kurz vor jeder Begegnung wieder das Gedächtnis auffrischen.

Becca ist Juttas Nichte und ihr ganzer Stolz, hat sie doch im Synchronschwimmen bereits ein ähnliches Niveau erreicht wie das, auf dem ich im durchaus ernst zu nehmenden SIM-Racing agiere.

«Kann man das irgendwie schön machen? Ich hab noch mehr solcher Clips. Man sieht doch jetzt überall, wie Leute das so richtig gut ausproduzieren, mit Musik drunter und schnellen Schnitten und Effekten und allem.»

«Wofür?», frage ich.

«Na, für Beccas Instagram, Beccas TikTok, Beccas YouTube-Kanal. Das ist alles noch sehr stiefmütterlich behandelt, aber wir wissen doch beide: Sie kann so gut sein, wie sie will, wenn daraus noch mehr werden soll, dann muss sie auf sich aufmerksam machen. Und das nicht nur einmal, sondern immer wieder. Gibt es da nicht so ein Programm, mit dem man lange Videos in viele kleine zerschneiden kann, sodass man mit wenig Aufwand plötzlich hundert bis hundertfünfzig Stück hat, die man übers ganze Jahr hinweg immer mal wieder posten kann?»

Mit einem gewissen Stolz schaue ich meine bessere Hälfte an. Sie ist stets auf dem neuesten Stand, was die Software für das Rechenwesen angeht. Manchmal probiert sie sogar andere Systeme und Softwarelösungen aus, als die, die wir seit einigen Jahren mit großer Zufriedenheit nutzen. An der örtlichen Volkshochschule und einigen Wirtschaftsinstituten zwischen Hamm, Lippstadt und Rheda-Wiedenbrück gibt sie seit einigen Wochen Kurse zum korrekten Umgang mit E-Rechnungen. Dass sie allerdings schon von den Möglichkeiten gehört hat, aus langen Videos mit relativ wenig Arbeit und KI-Unterstützung jede Menge Clips für Social Media zu machen, finde ich doch beachtlich. Vor allem, da ich all das selber noch nie benutzt habe, obwohl ich natürlich sollte. Wer heutzutage Bücher herausgibt, ohne sie durch Reels, Shorts und TikToks tagtäglich im Gedächtnis der Leute zu halten und parallel dazu bestmöglich noch einen Podcast auf allen Plattformen und einen Blog bei Substack zu betreiben, flankiert von Bonus-Content mittels Fan-Plattformen wie Steady oder Patreon, der wird ja angeblich überhaupt nicht mehr wahrgenommen. Lediglich Only Fans darf ich mir sparen, das abonnieren die Menschen aufgrund anderer Begehrlichkeiten.

«Das gibt es», sage ich. «Es heißt Opus Clip. Doch auch wenn man dessen Ergebnisse als 30-Sekunden-Quickies zwischen Tür und Angel schauen kann, kann ich dir das nicht zwischen Tür und Angel beibringen.»

Schnell öffnet sie den Notizblock auf ihrem Telefon und notiert sich den Namen.

«Brauchst du nicht, da beschäftige ich mich erst mal selber mit. Danke, Becca wird sich freuen.»

Ich lege den Rest des Weges in mein Büro zurück und finde zu meiner Überraschung auf den Sofas neben dem Glastisch nicht nur Jonas sitzen, sondern auch einen Kunden. Tief ist er in das Möbelstück versunken. Über auf den Bauch gefalteten Händen ist der Kopf nach vorn gefallen. Ein sanftes Schnarchen entströmt seinem Mund. Jonas, der gerade wieder im Schreibfieber einen neuen Verschwörungsartikel in seinem Blog tippt, sieht auf.

«Ja, der Mann wartet schon lange.»

Ich lege meine Tasche ab, räuspere mich, räuspere mich erneut etwas lauter und ein drittes Mal mit einer leichten Tendenz hin zum Rülpser, da öffnet der Mann endlich die Augen. Einen Übergang zwischen noch verschlafen und schon voll da gibt es bei ihm scheinbar nicht, denn ehe ich mich versehe, steht er direkt vor mir, als hätte jemand in einem Film einen Jumpcut gemacht.

«Herr Spielbusch, Rosenblatt mein Name. Schön, dass Sie zu uns gefunden haben.»

Ich will entgegnen, dass es sich bei dem Raum, in dem wir stehen, um mein Büro handelt, doch Herr Rosenblatt spricht bereits weiter.

«Wir hatten keinen Termin, ich weiß, aber ich habe in den letzten Jahren die Erfahrung gemacht, dass man sich nehmen muss, was man braucht, auch wenn es etwas dauert. Hauptsache, man ist vor Ort.»

Ich kratze mich an der Schläfe.

«Gut, worum geht es denn?»

«Ich habe einen neuen Laptop in Betrieb genommen. Der alte hatte es fast hinter sich, das kündigt sich ja an, Sie wissen schon. Der Lüfter schnauft immer lauter und geht fast gar nicht mehr aus. Kleine Aussetzer. Die ganzen Krümel von Jahren in der Tastatur. Da muss man frühzeitig reagieren mit dem Austausch, bevor es zu spät ist.»

«Natürlich.»

«Ja, und ich habe nicht rechtzeitig reagiert, so sieht's nämlich aus. Ich bin da ganz ehrlich, gnadenlos ehrlich, so ehrlich war Borussia Dortmund mit sich selbst seit Jahren nicht mehr.»

Ich lächele gequält und nicke, als verstünde ich die Anspielung. Immer noch ist es in unserem Landstrich undenkbar, dass ein anderer Mann sich kaum für Fußball interessiert.

«Aber gut, dachte ich, der alte Rechner ist hin, geht nicht mehr an? Macht nichts, ich habe ja schließlich alle Daten in der Cloud gespeichert, nicht wahr. In einer privaten sogar! Nicht bei Google, nicht bei OneDrive, sondern auf einem NAS-System. Ein Kollege von Ihnen hat mir das vor Jahren eingerichtet und ich war sofort Feuer und Flamme – und das nicht nur, weil das Ding heißt wie der beste Rapper aller Zeiten.»

Der Mann lacht und schaut mich an, als müsse ich wissen, von wem er redet. Leider bin ich bei jeder Form von Sprechgesang nicht bewandert. In NAS-Systemen allerdings schon – eine persönliche Cloud, die man bei sich zu Hause einrichten kann, die Wolke unterm eigenen Dach sozusagen, mit maximaler Datensicherheit.

«So», fährt er fort, «da freue ich mich also schon darauf, dass alles wieder aus der Wolke auf meinen neuen Rechner regnet, klicke auf meinen Cloud-Ordner – und finde nichts vor als gähnende Leere. Gähnende, weiße Leere.»

Mit dieser Erklärung scheint Herr Rosenblatt alle Kraft aufgebraucht zu haben. Die drei Schritte rückwärts eher fallend als gehend, sinkt er wieder in die Couch. Vielleicht ist er auch nie aufgestanden und ich habe mir seine Position nur eingebildet. Im Schutz des Sofas wirft er die Hände nach oben.

«Wie kann das nur sein?», klagt er. «Ich habe es mehrfach geprüft, angemacht, wieder ausgemacht, man kann so was ja nicht glauben. Als Erstes habe ich meinen alten Computermann angerufen, per Skype sogar, das nutzt er noch, können Sie sich das vorstellen? Kaum sehe ich sein müdes Gesicht mit Vier-Tage-Bart, rufe ich schon: ‹Ich hab da nur kurz draufgeklickt und jetzt ist alles weg!› Als müsste er sofort wissen, wovon ich rede. Stellen Sie sich meine Panik vor! Jedenfalls ist er wohl in Rente oder zumindest in Rente von der IT. Aber so völlig! Im Hintergrund habe ich auf dem Sekretär eine Schreibmaschine gesehen.»

Jonas sieht den Mann mit einer Mischung aus Mitleid und Ärger an, darüber, dass er beim Verfassen seiner Artikel abgelenkt wird. Ich kann mir schon vorstellen, was auf Rosenblatts Rechner schiefgelaufen ist, noch ohne einen Blick auf das Gerät geworfen zu haben.

Synchronisieren auf zwei Wegen

Die großen Cloud-Dienste für Endnutzer, wie OneDrive von Microsoft oder Google Drive, schieben ihren Inhalt aus der Wolke auf einen neuen, leeren Rechner, der sich mit ihnen synchronisieren will. Bei den sogenannten NAS-Systemen allerdings – besonders bei etwas älteren Modellen – gibt es in dieser Hinsicht eine Quelle für unerwünschtes Verhalten, die gern übersehen wird. Zunächst aber generell: Ein NAS in der IT (im Hip-Hop heißt so tatsächlich ein genialer Wortkünstler und eine Größe des Genres) ist ein Network Attached Storage, ein Speichergerät, das über das Heimnetzwerk oder das Internet erreichbar ist. Als vollkommen private Cloud macht es einen unabhängig von Anbietern wie Microsoft, Google oder Dropbox, ist weltweit erreichbar und speichert auf teils mehreren, sich gegenseitig absichernden Festplatten (RAID-System) die Backup-Daten von Rechnern, Smartphones, Tablet, aber zum Beispiel auch von Kameraüberwachungssystemen. In einem NAS-System lässt sich einstellen, ob die Synchronisierung «One Way» erfolgen soll oder «Two Way». Bei letzterem Weg kann es passieren, dass sich die Cloud mit einem leeren PC synchronisiert und ihrerseits leert. Daher empfiehlt es sich hier, immer die «One Way»-Synchronisierung einzustellen und zusätzlich die Funktion der «Versionierung» und den «Papierkorb» zu aktivieren, um versehentlich gelöschte Daten wiederherstellen zu können.

Als Herr Rosenblatt meine Ausführungen angehört, verarbeitet, begriffen und akzeptiert hat, bleibt er noch einen Moment sitzen. Ich merke ihm an, dass er eigentlich auf seinen vorherigen Dienstleister schimpfen möchte, der ihm sein NAS-System unvorteilhaft konfiguriert hat, aber entweder zu höflich dafür ist oder sich fragt, ob er selbst es eines Tages verstellt haben könnte. Ich biete ihm an, die Daten aus seinem vermeintlich kaputten, alten Laptop zu retten oder von Wulf retten zu lassen, denn bloß, weil eine Maschine vor lauter Altersschwäche und alten Brötchenresten nicht mehr angeht, heißt es noch lange nicht, dass mein geduldiger Kollege die Daten auf der Festplatte verloren gibt. Sobald wir sie haben, kann Rosenblatt sie in Ruhe ganz ohne Cloud auf sein neues Gerät transferieren und wir helfen ihm mit der restlichen Einrichtung.

Halbwegs erleichtert und doch nicht ganz seiner Zukunft beraubt, steht Rosenblatt auf, bleibt noch mal kurz in der Tür stehen und dreht sich wieder um.

«Eine Frage noch, Herr Spielbusch. Von wegen irgendwo hin klicken und dann ist alles weg. Mit dem CC-Cleaner kann nicht viel passieren, oder?»

Langsam zähle ich bis zwei und atme unmerklich, aber konzentriert durch den Mund aus. Ich falte meine Hände wie Rosenblatt es beim Schlaf auf der Couch getan hat, lege sie auf meinen Bauch, schaue ihn an und sage: «Mit dem CC-Cleaner nicht, da er gar nicht existiert, aber mit dem CCleaner müssen sie vorsichtig sein.»

Am Abend setze ich der Geldverschwendung das erste Mal in meinem Leben die Krone auf. Bevor ich nach Hause fahre, biege ich erneut auf den Parkplatz der Q1 ab, deren rotblaue Neonleuchtreklame so herrlich im Dunkeln strahlt wie die Kulisse eines Krimi Noir, hole mir einen frischen Cappuccino für die Stehtischecke und atme tief durch. Kurz bevor ich daran denke, mein Handy aus der Tasche zu ziehen und den Flugmodus einzuschalten, um mir zehn Minuten des seltenen Friedens zu verschaffen, erscheint meine Mutter auf dem Display. Seufzend gehe ich ran.

«Philipp, dass ich gesagt habe, bis heute Abend würde ich dich nicht mehr stören, heißt doch nicht, dass du mich jetzt nach Feierabend unbedingt anrufen musst. Ich freue mich darüber, gar keine Frage, weil die Chemie zwischen uns heute Mittag ja nicht so gut war, wie sie zwischen Mutter und Sohn sein sollte, doch auch du brauchst mal deinen Feierabend.»

«Mutter, ich habe dich nicht angerufen, du hast mich angerufen», antworte ich. Mit der Antwort meiner Erzeugerin entfalten sich die nächsten zehn Minuten meiner Zukunft ausweglos, und ich nehme Abschied vom Cappuccino in seiner würdevollen, heißen Form.

Smart Home

«Steh auf!»

Konzentriert verfasse ich die Mail an den hessischen Geschäftspartner. Oftmals geht es gar nicht um die Sache, ist nicht das Fachliche entscheidend für eine gute Geschäftsbeziehung, sondern die richtige Form. Dieser Mann schätzt die schriftliche Kommunikation, hat aber gewisse Ansprüche. Die elektronischen Anschreiben meinerseits dürfen nicht zu lang und nicht zu kurz sein. Unnötige Füllwörter sind zu streichen, von Small Talk gar nicht zu reden. Kurz und bündig soll ich zur Sache kommen, aber auch wiederum nicht zu karg schreiben, das ist mir vor ein paar Monaten passiert. Da rief er postwendend mit dem Tonfall einer tief enttäuschten Tante an, die kurz davor ist, einen zu enterben: «Herr Spielbusch, was habe ich Ihnen eigentlich getan?»

Andere Kunden haben die Existenz eines E-Mail-Posteingangs vollkommen vergessen. Sie tauschen sich mit mir ausschließlich über WhatsApp aus, das trotz der Existenz von datenschutzrechtlich sichereren und sympathischeren Möglichkeiten wie Signal oder Threema inzwischen leider so sehr mit dem Medium Messenger gleichzusetzen ist wie die Marke Tempo mit dem Taschentuch an sich.

Es gibt die wohlbekannten Hausbesuche bei den Senior-Mittelständlern, die eigentlich bloß Gesellschaft wollen, und die vielen Kunden, die es immer noch bevorzugen zu telefonieren. Nur eines hassen die meisten Kunden und ich selbst sowieso gleichermaßen: die immer umständliche, meist verrauschte, nie auf den Punkt kommende und grundsätzlich viel zu lange Audio-Sprachnachricht.

Goldene Regel im Umgang mit Kunden:

Passe dich in der Kommunikation grundsätzlich den Vorlieben der Kunden an. Falls diese nicht klar äußern, welches Medium sie lieber mögen und welches ihnen missfällt, horche empathisch in die Zwischentöne, beobachte ihr Verhalten und mache deinerseits einen Vorschlag. Frage höflich nach, ob der Eindruck stimmt, dass ihnen klassische Telefonate, Textnachrichten über Telegram oder kleine, tanzende Katzen-GIFs im Instagram-Direktnachrichten-Chat lieber wären, und genieße ihre Begeisterung darüber, was für ein empathischer und wertschätzender Dienstleister du bist.

«Philipp, steh auf!» Die Stimme, die dort offenbar schon mehrfach versucht hat, zu mir durchzudringen, gehört zu Jonas, meiner persönlichen Live-Sprachnachricht in Dauerschleife. Obwohl, nein, das ist zu böse formuliert. Aber was soll ich sagen? Irgendwie fühle ich mich gestresst, und wenn ich gestresst bin, werde ich unfair.

«Du musst doch Pipi, Philipp!»

Ich beende meine E-Mail an den hessischen Literaten und sende sie ab. Jetzt weiß ich, wo der Stress herkommt. Meine Blase ist zum Platzen gefüllt, und das nicht erst seit zwei Minuten.

«Seit einer halben Stunde muss ich beobachten, wie du auf deinem Schreibtischstuhl hin und her wippst wie ein Erstklässler, der noch wenig Schulerfahrung hat und sich fragt, ob er überhaupt aufstehen und rausgehen darf. Philipp, du bist erwachsen, hast viele Kinder in die Welt geworfen, fährst Rennen mit echten und erfundenen Autos – wenn du aufs Klo musst, darfst du gehen.»

Jonas' Formulierung irritiert mich. Natürlich darf ich gehen. Wer sollte es mir verbieten ... außer ich selbst?

«Nichts ist wichtiger als unsere Primärbedürfnisse», sagt Jonas. «Wusstest du, dass es den Körper in extremen Stress versetzt, wenn man dringend muss, aber nicht geht? Also wirklich richtiger Stress, Krisenzustand. Der Körper glaubt, bald wird es lebensbedrohlich. Er weiß ja nicht, wann du, also dein Geist, sich zum Aufstehen bequemen wird. Du hältst den Körper sozusagen in Geiselhaft. Er bekommt Angst, stößt Stresshormone aus, vor allem Kortisol, das schnell dick macht. Besorgt schaust du in den Spiegel und fragst dich, wieso du aufgehst wie ein Hefekuchen, die Midlife-Crisis verschärft sich, zum Trost isst du mehr, der Teufelskreis ist nicht mehr aufzuhalten, und all das nur, weil du nicht sofort aufs Klo gehst, sobald du Druck verspürst.»

Mit gekrümmtem Rücken und X-Beinen stehe ich vom Schreibtisch auf und tippele über den Flur zur Herrentoilette. Den angenehm großen Raum könnte man als echte

Oase der Pause gestalten. Ein paar Kunstpflanzen, die selbst in diesem fensterlosen Zimmer eine schöne Atmosphäre machen würden. Keramikschälchen samt Dekosteinen und Muscheln in weißem Kies. Kleine Möwen aus Holz und gerahmte Bilder von der Nordseeküste oder von buddhistischen Klöstern und Zen-Gärten. Stattdessen stehen auf dem Boden an der gefliesten Wand immer noch unausgepackte Kisten mit ungenutzten Hardwareteilen, Vorratspackungen Klopapier und die Umverpackungen von Server-Bestandteilen und Grafikkarten herum. Die Flüssigseife pressen Wulf und ich immer noch nicht aus einer gläsernen Flasche, sondern aus den einfachen Kunststoffgebinden, auf denen unmotiviert ein paar tropische Cartoon-Fische herumschwimmen. Mag das Klo auch noch keine Oase sein, die Erleichterung, die es mir nun verschafft, unterstreicht, dass Jonas mal wieder recht gehabt hat. Sie ist unbeschreiblich. Unkontrolliert gebe ich Laute der Erlösung von mir, stöhne und jauchze. Als ich fertig bin und wieder auf den Flur trete, ruft Jutta herüber: «So enthusiastisch hast du zu Hause schon lange nicht mehr geklungen!»

Ich gehe zu ihr, lache und massiere ihr den Rücken, bis sie selbst vergleichbare Laute des Wohlgefallens von sich gibt. Unser neckisches Vorspiel, das sich mit viel Glück heute Abend in ein Nachspiel verwandelt, wird vom Telefon unterbrochen. Ich ziehe das Handy aus der Tasche und gehe ran.

«Herr Spielbusch, Waidmann hier! Ich brauche Ihre Hilfe!»

Die Stimme klingt, als sei der Mann auf der Flucht vor

Raptoren. Sie überschlägt sich und mischt schiefe Töne in die Vokale. Waidmann ist ein Kunde, wie es keinen zweiten gibt. Ein echter Early Mover, wie man so sagt, also jemand, der jede technische Neuerung so früh ausprobiert, wie es irgend geht. Er ist der einzige Mensch, den ich kenne, der damals die gnadenlos gefloppte Google-Brille hatte. Bei Waymo steht er schon jetzt auf der Warteliste für das erste selbstfahrende Auto im Verkauf an europäische Endverbraucher, was sich noch lange hinziehen wird. Als Fan obskurer Videospielsysteme hat er als Teenager in den Neunzigern das Philips 3DO und ein Amiga CD^{32} besessen und sich als einer von wahrscheinlich zehn Kunden im Land seine Augen mit der monochromroten Grafik des Nintendo Virtual Boy versaut. Sein für unseren Landstrich unerhört großes Vermögen hat er geerbt.

«Ich komme nicht mehr raus!», schreit er durchs Telefon, und es klingt, als hätten die Raptoren ihn nun endgültig in die Enge gedrängt, in einen Raum ohne weiteren Ausgang. Schnell schnappen die messerscharfen Zähne nach ihm, und angesichts der Tatsache, dass nur Chris Pratt die Bestien wie ein Hundetrainer zähmen kann, hilft auch kein flehender Blick.

«Sie hat mich eingesperrt! Außerdem dreht sie minütlich die Heizung höher. Es wird minütlich heißer hier drinnen, wie beim Amerikaner, wenn er den Hummer lebendig kocht!»

Einen Moment lang frage ich mich, wer alles etwas gegen Jens Waidmann haben könnte. Sicherlich umschwärmen ihn bei seinem Vermögen eine Menge Menschen, darunter auch einige Liebschaften, die oft nicht von Dauer sind.

«Wer hat Sie eingesperrt und dreht beständig die Heizung auf?»

«Na, sie! Dabei haben wir uns jetzt fast ein Jahr lang perfekt verstanden, haben uns die Bälle zugespielt. Ein Handgriff führte zum anderen. Am Anfang war es noch etwas holprig, aber irgendwann fiel dann auch der Rest der Sprachbarriere. Mittlerweile liest sie mir förmlich jeden Wunsch von den Lippen ab. Kaum habe ich ihn ausgesprochen, ist er auch schon umgesetzt, weil sie meine Worte vervollständigt.»

Ich reibe mir die Augen, denn das Frauenbild, das der Waidmann dort wie selbstverständlich vertritt, sollte sich ein Mann im Jahre 2024 auch dann nicht leisten können, wenn er sich viel leisten kann.

«Hören Sie», sage ich, «vielleicht ist das eher ein Fall für die Polizei oder einen Psychologen. Ich weiß nicht, was ich da machen kann.»

«Herr Spielbusch, Sie haben uns doch zusammengebracht! Sie haben ihr alles so eingegeben, dass es überhaupt erst mit uns losgehen konnte. Ja klar, ich habe viel an ihr herumgefummelt, das gebe ich zu. Und vielleicht bin ich an der einen oder anderen Stelle auch zu weit gegangen. Aber das heißt doch nicht, dass sie mich hier einfach umbringen darf!»

Ich soll den Millionär mit seiner mittlerweile offenbar rachsüchtigen Partnerin zusammengebracht haben? Wann soll das gewesen sein? Wo bewege ich mich abseits der Arbeit, dass ich den Reichen und Schönen frische Frauen zuspielen könnte? Ich mag zwar mittlerweile Buchautor sein, doch viele Promis kenne ich noch nicht und wenn, dann nur auf indirektem Wege. Einem guten Freund hier unten in der schönsten Ecke des Gewerbegebiets, wo der Blick direkt vor der Firma auf die endlos weiten Felder fällt, hat im April Harry Wijnvoord persönlich die Firma eröffnet. Er ist Teichbauer, also mein Freund, nicht der Wijnvoord, der besitzt einen Teich, und als er meinen Freund eines Tages anrief, um seine Dienste zu buchen, legte dieser auf, weil er dachte, ich würde ihn veräppeln mit einer KI für Stimmenimitation. Jutta hat auf einem Junggesellinnenabschied in Köln eines Abends eine verdiente, humoristische Schauspielerin getroffen, die sich mit ihren Freundinnen für ein paar Kurze sofort der Gruppe angeschlossen hat. Aus noch höheren Prominentenschichten kennen Wulf und ich die Leute nur vom Hörensagen. Einmal haben wir die IT eines Busunternehmens aufgesetzt, das auch Tour-Busse betreibt und echte Stars durch die Republik fährt, von der US-Rocklegende bis zum deutschen Comedian, der riesige Hallen füllt. Deren Chef berichtete uns, welche Künstler jeden Mitarbeiter des Tour-Trupps bis hinunter zum Kabelträger mit Respekt behandeln und welche glauben, sie hätten es sich verdient, die Menschheit in Meister und Sklaven zu unterteilen. Die Ergebnisse waren spannend zu hören, dürfen jedoch leider nicht veröffentlicht werden.

«Sie müssen mit ihr reden», fleht der Waidmann, «dringen Sie in sie ein, Herr Spielbusch, Sie wissen doch, wie das geht.»

Langsam wird es mir zu bunt, und ich denke an ein paar

weitere Anekdoten, die der Busunternehmer uns über die Wirkung diverser Substanzen abseits des Alkohols erzählt hat, darunter die manischen und respektlosen Zustände, die Kokain, MDMA und andere Aufputschmittel verursachen können.

«Entschuldigen Sie, wenn ich Sie das frage, Herr Waidmann, aber ganz im Ernst: Haben Sie was genommen?»

«Nein!»

Die Antwort kommt so schnell, so klar und zugleich so verzweifelt, dass sie mich in ihrem Tonfall an den armen 10-jährigen Jungen aus einem Instagram-Reel erinnert, in dem seine Eltern ihm den schlimmsten möglichen Streich gespielt haben. Die Mutter versaute den Teppich mit falscher Tinte und rief wutentbrannt den Sohn herbei, um ihn gemeinsam mit dem Vater zur Sau zu machen. Weinend und schreiend, der völligen Verzweiflung nah, schwor der Junge, das nicht gewesen zu sein. Einer der seltenen Fälle, in denen jeder einzelne Hasskommentar gegen diese sogenannten Eltern gerechtfertigt war.

«Was immer da geschehen ist», antworte ich nun etwas versöhnlicher, «reden Sie mit ihr, Herr Waidmann. Sie einsperren und die Heizung aufdrehen – das ist doch Kindergarten. Mal abgesehen davon: Einsperren, ja, das kann ich mir noch vorstellen, aber wie bitte schön dreht ihre zornige Freundin von außen die Heizung auf? Und wieso können Sie kein Fenster öffnen?»

«Zornige Freundin? Herr Spielbusch, ich rede von meinem Haus! Von Penelope!»

Meine Güte. Vor gut einem Jahr hat sich Waidmann ein Haus in die Grünfläche gestellt, das als einziges in der mir bekannten Umgebung vollständig als Smart Home aufgebaut ist. Wir haben ihm bei der Konfiguration und dem Ausbau geholfen.

«Sie haben Ihrem Haus einen Frauennamen gegeben?»

«Dem Haus und dem ganzen System! Natürlich, Herr Spielbusch, Sie waren doch dabei! Als wir alles eingerichtet hatten, haben Sie auf den Bildschirm gezeigt und gesagt: ‹Noch heißt das System bloß SH1721XDF? Möchten Sie es umbenennen?› Das haben Sie mich gefragt, und wie aus der Pistole geschossen habe ich geantwortet: ‹Penelope!›, nach Penélope Cruz. Und ganz so, als wäre Penelope eine echte Frau, hat meine Mutter, als ich ihr davon erzählt habe, mir Vorwürfe gemacht und mich vor ihr gewarnt. ‹Wie?›, hat sie gesagt. ‹Du hast überhaupt keine Schalter mehr, mit denen du das Licht selbst an- und ausknipsen kannst? Keine Gurte an den Rollos, um sie per Hand hinauf und hinunter zu lassen? Kein Thermostat an deiner Heizung und nicht einmal ein Schlüsselloch, um deinen eigenen Schlüssel hineinstecken zu können?› Ich habe ihr erklärt, was die Zukunft ist, Herr Spielbusch, die volle, ganze Zukunft und dass wir all-in gehen und sie ausprobieren müssen, damit wir sie beherrschen. Und jetzt sitze ich hier, kriege die Tür nicht auf, die Rollos sind alle heruntergelassen, die Heizung wird immer wärmer und außerdem geht die ganze Zeit das Licht an und aus. Und jetzt ist in der Küche auch noch der Herd angegangen!»

Das kannst du nicht aufschreiben, denke ich. Was hier passiert, das wird dir keiner glauben. Doch schnell schiebe ich diesen Gedanken des Autors beiseite und das Notfallprogramm meines Hauptberufes springt an.

«Bleiben Sie ganz ruhig, ich greife jetzt auf das System zu und sehe nach, was los ist.»

«Ich soll ruhig bleiben? Ich koche hier!»

«Das Wasser aus dem Hahn fließt doch noch, oder?»

«Ja.»

«Dann holen Sie sich jetzt ein paar große Handtücher, lassen Sie sie mit kaltem Wasser vollsaugen und legen sie sich über den Leib.»

Goldene Regel im Umgang mit Kunden:

Völlig egal, ob als Krankenpfleger oder als Notärztin, ob als Feuerwehrmann oder Rettungskletterin, ob als Vater oder Mutter, Freund oder Freundin, Tochter oder Sohn – wenn Menschen in Panik geraten und deswegen im wahrsten Sinne des Wortes den Verstand verlieren, gilt es, ihnen ganz klare Anweisungen für die nächsten Schritte zu geben. Keine wohlfeile Beruhigung, kein abstrakter Trost und schon gar nicht mehr Fragen als unbedingt nötig, um die Situation zu begreifen. Sobald sie begriffen ist, macht man Ansagen. Ruhig, klar und sicher. Sie geben Halt und bringen die Lösung voran.

Während der Waidmann auf der anderen Seite des Hörers das Wasser rauschen lässt, wähle ich mich in das System, das ich einst eingerichtet habe und stelle fest, dass die Geräte noch mit der Zentrale verbunden sind, aber keine klaren Befehle empfangen. Außerdem verzeichnen die Logfiles widersprüchliche Befehle wie «Alle Rollos schließen» und «Alle Rollos öffnen» im Sekundentakt. Die Cloud-Anbindung ist noch aktiv, also führe ich einen Neustart durch und setze die betroffenen Geräte per Hand wieder auf die Werkseinstellungen zurück, sodass sie wieder auf Befehle reagieren. Das Türschloss blockiert, weil es im Sicherheitsmodus feststeckt. Ich hebe die Sperre auf.

«Das Licht hat aufgehört zu flackern», ruft der Waidmann erst etwas fern, bevor er vom Waschbecken wieder nah ans Handy stürzt. «Und die Rollos fahren hoch!»

«Die Tür geht auch wieder auf, falls Sie erst mal Luft holen wollen.»

Ich höre schnelle Schritte durch den Flur tapsen, offenbar ist der Mann barfuß. Das Patschen weicht Windgeräuschen.

«Ich bin frei! Herr Spielbusch, ich bin frei!»

Eine Weile lasse ich ihn sich austoben. Es braucht seine Zeit, wieder in der Sicherheit anzukommen, wo keine Raptoren ihn jagen und man ihn nicht länger wie einen Hummer kochen will, sondern wo man allenfalls einen Hummer fährt, wenn man Waidmanns Geld hat.

«Ich hatte Ihnen damals empfohlen, wenigstens das Haustürschloss als Hybrid-Smart-Lock zu installieren.»

«Ich weiß», keucht der Waidmann, den sein enthusiastisches Herumgehüpfe außer Atem gebracht hat. «Aber wennschon, dennschon, oder?»

«Na ja ...»

«Aber was ist denn überhaupt passiert?»

Smart Homes und ihre Risiken

Tatsächlich ist es bereits heute möglich, Häuser in nahezu allen Belangen als smartes Netzwerk einzurichten und das Internet der Dinge in den eigenen vier Wänden maximal zu realisieren. Von der Heizung über die Rollos, das Licht, die Haushaltsgeräte und die Unterhaltungselektronik bis hin zur komplett schlossfreien Haustür, die ähnlich wie die Türen von Laboren oder Motels bei Nacht-Check-in nur über Codes funktionieren, läuft das gesamte System über Apps. Das hat den Vorteil, selbst aus der Ferne sein Haus lenken zu können und unzählige Möglichkeiten zu haben. Vorheizen schon bei der Anfahrt. Aus dem Urlaub heraus Licht und Rollos so programmieren, dass selbst der findigste Einbrecher glaubt, jemand sei zu Hause. Mit seinem Haus eine Beziehung aufbauen und bei Verknüpfung mit Sprachsystemen sogar in Dialog treten. Der Nachteil besteht darin, dass ein Smart Home in seltenen Fällen tatsächlich verrücktspielen kann. Einfallstore sind Probleme mit dem Router und der Cloud-Anbindung, fehlerhafte Updates der Firmware oder falsche Programmierung des Systems, an der man sich mittlerweile im Bausteinsystem mittels Prompt-Eingabe selber versuchen kann, ohne eine einzige Zeile Code eingeben zu müssen. Gerät man dann angesichts seltsamen Verhaltens des Hauses auch noch in Panik und gibt dem System zu schnell zu viele Befehle hintereinander, verschluckt sich die Software erst recht. Ein Hack von außen ist natürlich auch möglich, etwa durch zornige Ex-Frauen mit IT-Kenntnissen.

Für Jonas ist die Geschichte vom Millionär, den ich aus seinem eigenen Smart Home retten musste, den Rest des Tages ein gefundenes Fressen. Spontan dreht er draußen unter der Esche ein paar Videos für seine langsam beachtlich ansteigende Zahl von Followern.

«Freiwillig in einem Haus leben, das einen überwachen und einschließen kann? Smart Home! Freiwillig ein Auto fahren, auf dass der Hersteller, der Staat, die Polizei und irgendwann auch die Bank mit deinem digitalen Konto Zugriff haben können? Smart Car! Die Stadt in Sektoren unterteilen, die man nicht mehr verlassen soll, weil ja alles, von dem sie sagen, dass ihr es braucht, in 15 Minuten erreicht werden kann? Smart City! Leute, wann immer irgendwo *smart* draufsteht, ist Überwachung drin, Überwachung und die Diktatur der Technokraten!»

So tobt, wütet und warnt er rechtschaffen unter dem Himmel des Münsterlands in sein Smartphone hinein, um den Protest gegen die Oligarchen von heute nachher bei Meta und Google hochzuladen.

Vertrauen

«Vertrauen. Was wir brauchen, ist Vertrauen und Behutsamkeit.»

Die Stimme des Wirtschaftsministers schallt deutlich über den Flur. Nichts mehr mit Flüsterlautstärke. Sobald Beate hier ist, dreht sie den Regler auf, denn sie möchte etwas hören bei der Arbeit und das, ohne dabei lästige Kopfhörerstöpsel in die Lauscher stecken zu müssen, die man, wie sie sagt, nie richtig sauber bekommt, und die mit ihren Bakterien ganz fiese Entzündungen verursachen können.

Wir sind froh, dass Beate uns weiter die Treue hält. Wie haben wir sie vertrieben damals, als wir unsere Teeküche im alten Büro dermaßen vermüllen ließen, dass nicht mal mehr die Tür zu öffnen war, und sich in den unsortierten Kisten mit alten Kabeln mannigfaltige Formen von Leben bildeten, denen sie sich nicht länger zu stellen bereit gewesen war. Am Ende gewannen wir sie aber wieder, und als wir umzogen, kostete es erneut ein wenig Überzeugung und eine kleine Erhöhung des Honorars, denn Beate ist mit der Zeit immer sensibler geworden. Sie meint, unser neues Viertel hier hinten, versteckt zwischen den seltsamen anderen Firmen, dem uralten Baumbestand und den Straßen, auf denen niemand fährt, habe eine düstere, energiezehrende Schwingung.

«Behutsamkeit im Umgang muss uns leiten.

Anderenfalls sind wir nicht besser als jene, die jedes wehrlose Tier auf der Straße einfach unachtsam zertreten.»

Ich frage mich, woher der Minister immer seine Metaphern und Sinnbilder nimmt. Bei Beate, die ihn mag, scheinen sie zu verfangen. Gerade eben schweigt der Staubsauger und nicht einmal der Putzlappen wird geschwungen. Stattdessen stülpt sie gerade ein Glas aus der Teeküche über einen großen Weberknecht in der Zimmerecke, schiebt ein Werbeprospekt unserer Partnerfirma für Glasfaserausbau darunter, um das kleine, feingliedrige Spinnentier lebendig aus dem Büro nach draußen in die Büsche zu bringen. Buddhistin sei sie nun, hat sie uns neulich erzählt, zumindest zu achtzig, vielleicht siebzig Prozent, mit leichten Einsprengseln des eigentlichen Urchristentums und einem Hauch von Shintō. Ich frage mich, was die jeweiligen Götter oder Heiligen davon halten, wenn sich jeder Erdenmensch seine eigene Mischung macht, als Wulf mit der ganz großen Umhängetasche aus dem Büro kommt und so entschlossen auf die Tür hinter mir zeigt, dass mir klar wird, dass wir sofort aufbrechen müssen.

«Absoluter Notfall», sagt er und spielt mir auf dem Weg die Treppe hinab, auf dem wir Beate und den Weberknecht überholen, die Sprachnachricht eines Kunden vor. Sie klingt wild, übersteuert und laut, so als würde er durch einen Vocoder in das Telefon brüllen, wie es Mitte der

Neunzigerjahre für eine kurze Zeit Bands wie H-Blockx oder die Beastie Boys taten.

«Ich habe ihn ausgemacht, Herr Wiegner, Scheiße, ich habe ihn so schnell wie möglich ausgeschaltet, aber ich befürchte, es war zu spät. Kommen Sie, kommen Sie bitte sofort!»

Wulf steckt das Telefon wieder weg.

«Ich habe dem Mann angeboten, es mir über Fernwartung anzusehen, aber ich glaube, das ist ein eindeutiger Fall.»

Ich nicke, während wir zum Auto eilen und einsteigen. Manchmal sind wir eben tatsächlich mehr als bloß menschliche Werkzeuge, die technische Probleme erkennen. Manchmal müssen wir Menschen sein, die mithilfe ihrer Werkzeuge andere Menschen beruhigen.

Wir sind kaum zehn Minuten unterwegs, da führt uns der Weg über Landstraßen, die selbst wir in unserer eigentlich vertrauten Umgebung noch nie gesehen haben. Rechts dicht wachsender Busch, links Felder, die Straße kaum eineinhalb Spuren breit und an den Rändern ausgefranst.

«Bist du sicher, dass wir hier richtig sind?», frage ich Wulf. Er nickt schweigsam und wortsparend, sieht aber die Ängste in meinen Augen. Das letzte Mal, als ich mich in dermaßen verwunschene und bislang unbekannte Gegenden begeben habe, landete ich im Haus von Frau Dammeier, der ich Photoshop einrichtete und beibringen sollte, woraufhin das erste Bild, das sie als Beispiel unabsichtlich öffnete, eine Aufnahme von ihr war, die selbst auf Pornhub noch einen zweite Sicherheitsabfrage bräuchte. Monate nachdem mein erstes Buch erschienen war, rief sie mich an. Ich fuhr vor Schreck fast in den Straßengraben, als ich den Namen im Display des Autocockpits sah, an das ich bei längeren Fahrten mein Telefon anschließe. Achtmal ließ ich es klingeln, bevor ich mit zitterndem Finger auf den Annahmeknopf drückte.

«Herr Spielbusch», sagte Frau Dammeier damals, «die Frau da in ihrem Buch, das bin doch ich, oder?»

«Jetzt ist aus», dachte ich damals, während die A2 auf dem Weg zu einem Großkunden in Oelde unter mir hinwegzog. «Es ist aus und vorbei. Sie wird mich und den Verlag verklagen. Ich werde zahlen, bis selbst die Zukunft meiner Enkel verspielt ist. Nie mehr werde ich irgendwo einen Buchvertrag bekommen, das ohnehin nicht, und auch als IT-Dienstleister verliere ich meine Reputation, da ich intime Geheimnisse der Kunden ausplaudere und wenn ich sie auch noch so verfremde. Es ist aus, dachte ich, meine Kinder werden sich ihr Studium selber finanzieren und währenddessen noch die Schulden ihres Vaters abbezahlen müssen, der nach seiner Flucht ins litauische Hinterland schließlich von Europol gefasst worden ist. Doch dann sprach Frau Dammeier ihren nächsten Satz in den Lautsprechern meines Autosystems.

«Ich hab mich totgelacht, Herr Spielbusch! Wie habe ich mich weggeschmissen! Ich wollte fragen, ob ich zehn Exemplare bei Ihnen bestellen kann, signiert für alle meine Freunde.»

Goldene Regel im Umgang mit Kunden:

Falls du deine Erlebnisse in Form eines Buches, eines Blogs, eines Podcasts oder eines Social-Media-Kanals verbreitest, mach aus Frauen Männer, aus Kleinunternehmen Konzerne und aus Apple-Problemen Linux-Rechner. Verlege das Geschehen in ein anderes Bundesland oder in einen Ort, wo es in Wirklichkeit gar keinen Dienstleister deiner Art gibt. Klar kannst du so viel Glück haben wie ich mit meinen Kunden und der trockenen, mit Stahlwolle gewaschenen Mentalität der Westfalen, aber gehe lieber nicht davon aus. Oder frag sie alle vorher. Viel Glück.

Das Haus des Mannes, der mit dem Vocoder der Beastie Boys ins Handy geschrien hat, liegt in einer jener winzigen Ortschaften, in denen wir bislang noch keine Kunden hatten. Ein Ort, der selbst in dem Geflecht aus Kleinstädten, Dörfern und Bauernschaften, das unsere Gegend zwischen den endlosen Weiden, Pferdegestüten und Maisfeldern durchzieht, dermaßen unter ferner liefen ist, das man nie zufällig hierhin gelangen würde. Hier gibt es ein paar Dutzend Häuser, einen winzigen Park mit Spielplatz und eine kleine Kapelle mit angeschlossenem Minifriedhof. Die winzige Edeka-Filiale, kaum größer als die Zweitschlafzimmer der Villen unserer Politiker auf Sylt, ist verrammelt und verschlossen, die gutbürgerliche Gaststätte seit Jahren nicht mehr verpachtet. Soweit man in der Lokalpresse vernehmen konnte, hat sogar der kleine

Döner-Imbiss, der bei den fünfzig, sechzig Haushalten mit Sicherheit mindestens vierzig Stammkunden hatte, kürzlich zugemacht. Nur ein Autohaus von Toyota hält immer noch stand am Ortsrand, und man fragt sich, wie dies überhaupt möglich sein kann, da Laufkundschaft hier unmöglich scheint und sie nun auch keine dermaßen speziellen Fahrzeuge anbieten, dass irgendjemand aus bundesweitem Radius hierherfahren würde.

Herr Brandes öffnet die Tür schon, bevor wir überhaupt geklingelt haben. Sein Name ist in gusseisernen Buchstaben neben der schweren Haustür aus dunklem Schiefer verewigt. Seit einer halben Stunde muss er hinter dem Vorhang gelauert haben. Drinnen schließt das gutbürgerliche Haus aus den Sechzigerjahren mit seinem dunklen Fliesenboden und den wuchtigen Möbeln trotz der Größe des Wohnzimmers das meiste Licht von draußen aus. Die Scheibe hin zur Terrasse ist vollkommen mit Pflanzen zugestellt.

Ein paar unvermeidliche Birkenfeigen, aber auch diese gruselige Pflanze namens Köstliches Fensterblatt, deren Blätter stets wie Hände wirken, die sich auf der Suche nach einem Ausweg panisch ans Glas pressen.

Herr Brandes hat sowohl den Laptop als auch seine dazugehörige Frau am Wohnzimmertisch vor der Schrankwand platziert. Sie wirkt wie eine Schülerin, die hinter den Mülltonnen nicht bloß beim Rauchen erwischt wurde, sondern dabei, die Fünftklässler mit zu Bonbons geformtem Fentanyl auszustatten. Ein Rest von Trotz steckt dennoch in ihr. Ohne uns zu begrüßen, wirft sie die Hände nach vorn, zeigt auf den Bildschirm und sagt:

«Aber es stand doch alles da. Ich habe nur getan, was mir gesagt wurde!»

Schnell nehmen Wulf und ich unsere in solchen Krisensituationen erprobte Rollenverteilung ein. Da die Schuldigen in diesem Fall sehr wahrscheinlich nicht in diesem Raum sind, kann man diese Verteilung nicht als Good Cop, Bad Cop beschreiben, sondern eher als stiller Problemlöser und beruhigender Seelsorger. Während Wulf sich setzt, den Laptop zu sich zieht und sofort konzentriert mit der Analyse beginnt, schicke ich den Mann erst mal aus dem Raum, indem ich um einen Kaffee bitte. Kaum hören wir das Geklimper in der Küche, stelle ich meine wärmste Stimmfarbe an.

«So, Frau Brandes, und jetzt ganz in Ruhe. Was ist denn passiert?»

Wenige Minuten später braucht es gar nicht ihren Mann, der tatsächlich mit einem recht gelungenen Kaffee in einem Becher des Fußballvereins Preußen Münster wieder am Tisch auftaucht, um auch mich innerlich in die Empörung zu versetzen, die ihn dazu getrieben hat, so lang und hart die Einschalttaste des Klapprechners gedrückt zu halten, bis er tatsächlich ausging.

Was die Frau mir in den vergangenen Minuten erzählt hat, kann ich vielleicht noch beim ersten Bildschirm akzeptieren, der sich ihr zeigte. Microsoft höchstpersönlich, so schien es, hatte ihren Rechner als hochbrisant mit Viren verseucht identifiziert. Um dem völligen Datenverlust zu entgehen, müsse sie sofort die Hotline anrufen. So stand es auf dem Bildschirm. Ohne stutzig zu werden, rief sie die angezeigte Nummer an und geriet an einen freundlichen Herrn, der sie aufforderte, ein Fernwartungsprogramm herunterzuladen, damit er ihr helfen könne. Sie tat, wie ihr geheißen und ließ den vermeintlichen Microsoft-Mitarbeiter per Fernwartung auf ihren PC. Dieser legte sofort los, zeigte der Kundin alle möglichen Meldungen und versicherte ihr, dass ihr PC nicht nur mit Viren verseucht wäre, sondern fünf Minuten vor dem Exitus stehe. Was jetzt einzig und allein noch helfen würde, wäre der Kauf einiger Gutscheinkarten für Microsoft-Xbox-Guthaben in einer Tankstelle oder einem Supermarkt, und zwar exakt im Wert von dreihundert Euro. Diese solle sie dann freirubbeln und dem Mitarbeiter die Gutscheinnummern vorlesen. Erst dann, und nur dann, könne er Schlimmeres verhindern. Vor allem aber solle sie sofort los und mit niemanden darüber reden, das würde einfach zu viel Zeit kosten.

«Ja», seufzt Herr Brandes, nimmt einen Schluck seines eigenen Kaffees und schaut erst mich und dann seine Frau über den Rand hinweg an, als habe er ebenso wenig wie ich eine Ahnung, wie all das passieren konnte. Die Leichtgläubigkeit, der Wohnort, diese Ehe, alles.

«Nur, dass ich das noch mal richtig verstehe. Sie haben geglaubt, es könne irgendwie Ihrem Rechner helfen, wenn Sie willkürliche Guthabenkarten für Videospiele aus dem Supermarkt freirubbeln und diesem Mann durchgeben?»

Frau Brandes lässt ihr Gesicht in die Hände sinken. «Ich weiß, ich weiß. Aber wenn Sie so in Angst sind, denken Sie nicht mehr klar.»

«Sie ist noch an uns vorbei», sagt Herr Brandes. «Hier,

im Flur. An mir und unserem Sohn, 19 Jahre und mit Computern fit wie ein Turnschuh. Statt uns zu sagen, was los ist. Schnappt sich die Autoschlüssel und saust zum Rewe im Nachbarort. Wir wissen ja gar nicht, dass ihr Rechner an ist ...»

«... und der vertrauenswürdige Mitarbeiter von Microsoft per Fernzugriff in aller Ruhe sämtliche Spionage- und Schadsoftware der Welt installieren konnte, um nach Passwortdateien und anderen Dingen zu suchen.»

Herr Brandes nickt und berichtet weiter.

«Sie kommt wieder, völlig aus der Puste, ich frag mich noch, wieso sie schon wieder so hetzt, aber gut, sie war schon immer von leicht nervöser Natur. Hätte sie mit diesem Mistkerl wieder telefoniert, wäre ich ja stutzig geworden, aber da die Verbindung unterbrochen gewesen war und sie seine Nummer nicht hatte, haben die beiden einfach still und leise per Chat weitergemacht. Ich saß hier, da drüben, direkt auf der Couch und denke mir nichts dabei, als sie irgendwas aufrubbelt und Codes eintippt. Es gibt ja immer diese Lose von Gewinnspielen bei der Deutschlandcard oder so.»

«Sie haben gerubbelt?», frage ich und kann einfach kein Seelsorger mehr sein. Wulf nimmt derweil kurz die Finger von der Tastatur. «Sie haben tatsächlich gerubbelt, weil der fremde Mann es so wollte?»

Kurz hebt sie das Gesicht aus der Handschale. «Wie Sie das sagen ...»

Ihr Mann schaltet sich wieder ein.

«Dann sollte sie sich in der Bank einloggen. Können Sie sich das vorstellen, Herr Spielmann?»

«Spielbusch.»

«Ja. In der Bank, jedenfalls. Für eine sogenannte Sicherheitsüberweisung. Mit ihrem Passwort und allem, während der Mann auf ihrem Rechner war. Er meinte sogar, er würde das auch alles für sie ausfüllen. Da ist sie dann doch stutzig geworden und hat mich vom Sofa herbeigerufen. Na ja, und den Rest, den kennen Sie ja.»

Online-Betrug mit Angstschema

Ich wage keinem meiner Leserinnen und Leser zu unterstellen, dass Sie diesen Hinweis überhaupt brauchen, doch andererseits hören wir in der IT-Branche, aber auch über befreundete Juristen viel zu oft davon, wie schnell Menschen hinters Licht geführt werden können. Die Angreifer arbeiten dabei mit dem teuflischen Dreischritt aus Überrumpelung, Angsterzeugung und scheinbarem Zeitdruck. Sie kennen die menschliche Psyche genau und wissen, dass der Mensch auf zwei Arten dazu gebracht werden kann, etwas selbst entgegen seinem Verstand und Bauchgefühl zu tun. Diese Arten lauten: hin zu oder weg von. Mit dem *hin zu* vermeintlich schnellem Glück und Reichtum locken Betrüger tagtäglich Tausende in zwielichtige Investitionen, Knebelverträge und Schneeballsysteme. Das *weg von* wiederum betrifft die Vermeidung von Schmerz und Verlust. Unvorbereitet in Panik versetzt, werfen sich Menschen der erstbesten vermeintlichen Autorität an den Hals, dem scheinbaren Retter, der das Problem erst erschaffen hat. In beiden Fällen lautet die Lösung, für sich selber einen ganz klaren Kreis von Menschen zu definieren, denen man vertraut, und alle, aber auch wirklich alle anderen präventiv für Betrüger zu halten. Sicher ist sicher.

In der kommenden Stunde analysiert Wulf in Ruhe das System zu Ende. Herr und Frau Brandes schauen zu, wie er externe Hardware aus dem Koffer holt und ihren bürgerlichen Wohnzimmertisch in eine Kulisse aus *Hackers* oder *Mr. Robot* verwandelt.

«Er hat alles.»

Die Brandes und ich schauen Wulf an. Bleich vor Scham die Frau, rot vor Wut der Mann und ich wahrscheinlich im leicht rosigen Teint von zu viel Kaffee und der inneren Grübelei, ob ich die Geschichte später wirklich bringen kann. Vor allem deswegen, weil hier die Frau so schlecht wegkommt. Ob ich die Geschlechter später umdrehen sollte?

«Er hat alle Passwortdateien runtergeladen, das kann ich im Logfile sehen. Und ganz sicher hat er, als sie in Ruhe die Guthabenkarten kaufen waren, alle Passwörter verändert.»

Wir testen es aus. In wachsender Verzweiflung versucht Frau Brandes, sich in die Onlineshops und Einkaufsplattformen einzuloggen, in denen längst der Kriminelle drin war und dank SEPA-Verfahren auf Kosten der Hauses Waren an sich hat senden lassen. Nicht mal zurücksetzen lassen sich die Passwörter, da Frau Brandes dafür die Bestätigungsmails an ihre Mailadresse klicken müsste, zu der sie ebenfalls keinen Zugriff mehr hat.

Wulf klappt den Rechner zu und schüttelt den Kopf wie

ein Arzt in einer Krankenhausserie, der den Angehörigen wie dem Publikum wortlos signalisiert, dass nichts mehr zu machen ist.

«Anzeige gegen unbekannt», sage ich. «Konto sperren, Kreditkarte sperren, sich bei allen Händlern auf postalischem Wege melden und die Accounts löschen lassen.»

Klagend wirft der Mann seinen Kopf in den Nacken und rastet ihn danach wieder in gerader Haltung ein. Zitternd hebt er seinen Zeigefinger mit einem sehr unsauber geschnittenen Nagel.

«Heike, dass du einfach immer allen vertraust. Damals an der Haustür die Sache mit der Mitgliedschaft und jetzt das. Nein, ehrlich Heike, ehrlich ...»

Auf dem Rückweg von dem seltsamen Dorf ohne Gaststätte, Geschäft und Imbiss spricht Wulf das insgesamt zwölfte Wort seines Tages. Als wir an dem einsamen Autohaus vorbeifahren, kommentiert er es mit: «Geldwäsche.»

Im Radio spricht erneut der Wirtschaftsminister: «Gewinn zu machen, das kann nicht der einzige Maßstab dafür sein, ein Unternehmen zu betreiben», erklärt der von meinen Gewinnen bezahlte Politiker voller Überzeugung in das von meinen Rundfunkgebühren bezahlte Mikrofon. «Das ist einfach zu kurz gedacht.»

Als wir an der Firma vorfahren, trägt Beate schon wieder ein Glas zum Busch. «Gleich drei auf einen Streich», ruft sie und lässt die grazilen Geschöpfe behutsam in den Buchsbaum gleiten. Gut, dass die kleinen Krabbler wenigstens ihr vertrauen können.

Zurück zum Papier

Jonas seufzt schwer, als hätte er es sich nicht selbst ausgesucht. Seit heute Morgen sitzt er vor seinem alten Laptop, der aus dem letzten Loch pfeift und dringend ersetzt werden müsste, und schreibt sämtliche wichtigen Daten per Hand in eine große Kladde ab. Namen, Adressen, E-Mail-Adressen, Telefonnummern, Passwörter. Er hat sich vorgenommen, das alles wieder auf Papier zu sammeln. Nicht bloß im Rechner, im Handy oder gar in der Cloud, die er mehr fürchtet als den schlimmsten Regensturz und von der er glaubt, sie auf seinem nächsten Computer aufgrund von Windows 11 nicht mehr umgehen zu können.

Windows 11 und die Cloud

Ein gängiges Vorurteil über Windows 11 lautet, dass man mit dem Betriebssystem zwangsläufig auf Cloud-Dienste angewiesen ist. Tatsächlich hat Microsoft den Fokus auf die Integration seiner Cloud-Lösung OneDrive verstärkt: Schon bei der Einrichtung eines neuen Geräts wird man dazu aufgefordert, ein Microsoft-Konto zu nutzen, mit dem OneDrive automatisch verknüpft wird. Dateien werden standardmäßig in der Cloud gespeichert, was den Zugriff von verschiedenen Geräten erleichtert. Die

Arbeit mit der Wolke wird als Normalfall aufgedrängt, ganz ähnlich einer Opt-out-Regelung im Marketing oder in der Politik, wo bestimmte Bedingungen als akzeptiert gelten, solange man sich nicht ganz bewusst gegen sie entscheidet. Die Wahrheit ist: Niemand ist gezwungen, ausschließlich die Cloud zu verwenden. Windows 11 erlaubt weiterhin die lokale Speicherung und Verwaltung von Daten. Der Opt-out ist möglich. Nutzer können OneDrive deaktivieren oder gar nicht erst einrichten und stattdessen klassische lokale Ordner und Festplatten nutzen. Auch das Microsoft-Konto ist nicht zwingend notwendig – ein Offline-Konto kann während der Einrichtung über Umwege erstellt werden. Für diejenigen, die ihre Daten lieber offline halten, empfiehlt es sich, OneDrive in den Einstellungen vollständig zu deaktivieren und Sicherungen auf externen Medien wie USB-Sticks oder Festplatten zu erstellen.

Ich setze mich an den Schreibtisch und öffne meine Post. Alles halte ich mittlerweile wohlorganisiert, synchronisiert mit den Servern im eigenen Haus, zigfach gebackupt und automatisiert. Es geht mir gut, denn ich habe am Wochenende im SIM-Racing eine grandiose Leistung hingelegt. Auf Twitch haben wir erstmals die fünfstellige Anzahl von Zuschauern geknackt. Ich frage mich, ob ich die Frau von der Tankstelle neulich vielleicht doch neugierig gemacht habe, sich das Spektakel mal anzuschauen, das sie nur unverheirateten Nerds zutraut, obwohl es sogar einst verheiratete und jetzt mit neuer Partnerin lebende

Männer beherrschen, deren Kinder aus der damaligen Ehe den Papa ebenfalls virtuell anfeuern.

«Ich sage nur ein Wort», kommentiere ich das Seufzen und werfe Jonas meinen gönnerhaften Blick zu, um ihn daran zu erinnern, was ihn davon erretten könnte, sich die Finger wund zu schreiben und sich Windows 11 zu ersparen. «Linux.»

Jonas gibt ein missmutiges Geräusch von sich, irgendwo zwischen dem Grunzen eines kleinen Schweinchens und einem Erdmännchen mit Niesanfall.

So sind die jungen Leute, denke ich fast, obwohl ich natürlich weiß, dass nicht alle so sind, *den Widerstand wollen sie, aber nicht die Anstrengung.*

Eine Viertelstunde später verwandelt sich Jonas' Blick von kalligrafischer Erschöpfung zu devoter Begeisterung, denn in der Bürotür steht Viola. Fünfunddreißig Jahre jung, athletische eins achtzig groß, langes blondes Haar, das über ihre Schultern fällt wie ein Wasserfall aus Gold, meeresblaue Augen und eine Nicole-Kidman-Nase. Sie ist seit einigen Monaten Stammkundin, und als Jonas ihr das erste Mal im Flur zufällig über den Weg lief, brach er augenblicklich zusammen. Nicht einmal völlig undenkbar, dass die erfolgreiche Werbedesignerin mit eigener kleiner Agentur und ohne einen das Geschäftsleben störenden Mann den verrückten jungen Mann nicht durchaus mal vernaschen würde. Doch als jemand, der nicht nur vor Chemtrails, 5G-Masten und dem Weltwirtschaftsforum Angst hat, sondern auch vor der neuen Eingewöhnung, die Linux auf seinem Computer bedeuten würde, könnte er ihr allerhöchstens als Praktikant das Wasser reichen, das gute, stille Fachinger, eingegossen in Manufactum-Gläser, ein weißes Tuch über das linke Handgelenk geschwungen.

«Philipp», sagt Viola, «jetzt bin sogar ich ratlos.»

Ich bitte Viola, mit mir im Konferenzraum Platz zu nehmen. Ihren großen Rechner, auf dem sie in ihrer Agentur Websites, Plakatwände, Kataloge oder Image-Kampagnen gestaltet, hat sie natürlich nicht mitgebracht. Dafür vermute ich einen Laptop in ihrer Umhängetasche.

Als wir aufstehen, um rüberzugehen, stürzt Jonas uns hinterher und beginnt sofort ungefragt, am Kaffeeautomaten das heiße Catering herzurichten. Der Konferenzraum ist immer noch nicht fertig dekoriert. Rund um die im Kreis aufgestellten Tische stehen bequeme Gamingstühle und Bürosessel auf leichtläufigen Gummirollen. In der weißen Leiste auf Bauchhöhe warten unzählige Steckdosen auf ihr Gegenstück. An den Wänden fehlt allerdings noch Dekoration. Wulf und ich sind uns nicht einig darüber, ob wir sie in Loyalität zu unseren Partnerfirmen mit Werbeplakaten verschandeln, zur Beruhigung unserer Kunden Poster von Irisbeeten oder Stränden aus dem Pinsel von Monet aufhängen oder doch lieber alle Charaktere aus *Star Trek: The Next Generation.* Womöglich könnten wir uns was ganz Eigenes von Viola gestalten lassen. Hauptsache, nicht von DALL-E oder Midjourney. Für die neuen Bilderzeugungs-KIs haben Wulf und ich entweder kein Talent, oder unsere Einschätzung stimmt, dass, egal was man da eingibt, unterm Strich immer etwas dabei herumkommt, das aussieht wie eine Mischung aus

Softporno-Cover und diesen kitschigen T-Shirts mit Wölfen unterm Mondschein, die sie damals so erfolgreich auf der Kirmes verkauft haben.

«Erzähl», sage ich. «Was ist los?»

Ich bin gespannt, was ich zu hören bekomme. Viola ist kompetent und selbstständig. Hat sie ein Problem, liegt es sicher nicht daran, dass sie sich unnötig doof anstellt. So behutsam wie schnell zieht sie ihren transportablen Rechner aus der Tasche und stellt ihn auf den Tisch.

«Ich war unterwegs, gestern. Arbeite gerade an einer Broschüre für einen meiner solventesten Kunden. Ein richtig schönes Ding, stylish, viel Schwarz, markante Bilder, wenig Text. Der Kunde selbst ist eigentlich das Gegenteil.»

Jonas bringt uns zwei Kaffee und hat Mühe, die Tassen zu balancieren. Behutsam wie ein Mundschenk zu Hofe stellt er die für Viola vor ihr ab.

«Milch? Zucker?»

«Milch. Habt ihr Hafer? Oder Mandel?»

Ich schüttele den Kopf.

«Doch, gleich!», sagt Jonas, stürzt aus dem Zimmer, läuft zum Büro und huscht eine Sekunde später wieder an der Tür vorbei Richtung Ausgang.

«Hafermilch in Barista-Qualität. Hole ich. Ist auf dem Weg. Harrt aus!»

Wir schauen ihm nach.

«Also», nehme ich den Faden wieder auf, «der Kunde ist das Gegenteil von schön, stylish, viel Schwarz, markante Bilder, wenig Text.»

«Ja, er ist vor allem viel Text, am Telefon. Und viele Launen. Heute will er dies, morgen will er das. Ruft mich an, irgendwo auf der Autobahn, und hat dann eine Idee, die sofort ausprobiert werden muss.»

«Der Bestzahlerbonus», nicke ich, der für ein paar wenige Premiumkunden ebenfalls alles stehen und liegen lässt.

Viola nickt.

«Ich fahre also von der Piste ab auf einen Rasthof, gehe ins Restaurant und öffne die InDesign-Datei, die auf meinem Google Drive liegt. Ich bin eben viel unterwegs. Ich stelle sicher, dass die Datei mit der Cloud synchronisiert ist, mache die Änderungen, speichere die neue Datei über die alte, bin zufrieden mit mir und fahre weiter. Am Abend, ich bin gerade erst im Hotel angekommen, da schickt mir der Kunde eine WhatsApp. Ob wir nicht einfach doch zu der Version von vorher zurückkehren können? Er hatte ein Meeting mit seinen Marketingleuten und die fanden die alte Fassung doch besser. Gut, denke ich mir, kein Problem, öffne ich halt die vorherige Version. Aber, sieh selbst.»

Sie öffnet den Laptop, loggt sich ein und zeigt mir ihr Google Drive. Im Ordner mit dem Namen des Premiumkunden findet sich bloß eine einzige Datei: Broschüre_final.indd.

«Siehst du? Es gibt nur eine Version.»

«Ja, Viola, und damit hast du schon die Antwort.»

Versionierung in der Cloud

Eine bedeutsame Funktion in Google Drive und anderen Cloudsystemen trägt den Namen «alte Versionen aufbewahren». Ist diese Funktion deaktiviert, überschreibt Google Drive die alte Datei gnadenlos und kann auf keinem Wege mehr eine vorherige Version wiederherstellen. Manche Kunden rufen sogar erbost beim Google-Support oder bei mir als Blitzableiter an und schimpfen, wofür sie sich denn bitte all den vielen zusätzlichen Speicherplatz gekauft haben. Doch mit mangelndem Stauraum hat das Problem eben nichts zu tun. Erst wenn die Funktion aktiviert ist, stellt die Cloud auch ältere Versionen wieder her.

«Und du hast das Projekt nur in der Cloud gespeichert?», frage ich.

«In der Fassung ja. Auf dem großen Rechner im Büro ist noch eine viel frühere und in der Cloud jetzt nur die allerneueste. Ich fürchte, die gewünschte Gegenwart muss ich jetzt aus Vergangenheit und Zukunft wieder mühsam per Hand zusammenbasteln. Tja, wer hätte gedacht, dass die größte Herausforderung für eine Kreative in den Zwanzigerjahren des 21. Jahrhunderts nicht die Kreativität ist, sondern der verdammte Versionsverlauf?»

«Hafermilch!»

Jonas stürzt wieder in den Raum.

«Ist der Kaffee denn noch heiß genug? Ich bringe einen neuen!»

Wie kann er so schnell rüber in die Stadt gefahren sein?

Bei der Bioinsel findet man selten einen Parkplatz und selbst der Rewe in der Nähe des alten Büros ist zu weit weg. Wo hat er die Hafermilch herbekommen?

«Hier, bitte schön.»

Schnurstracks hat er Viola eine neue Tasse serviert. Schnell färbt die herbeigezauberte Flüssigkeit aus Getreide das Schwarz in ein helles Braunbeige um.

Dort, wo am Vormittag noch Viola gesessen hat, nimmt am Nachmittag ein junger Mann Platz, den offenbar ein paar seiner Kollegen aus einer nahe gelegenen Firma zu mir geschickt haben. Wieder so ein Betrieb mit riesigen Fabrikationshallen, Fuhrpark und einem alten Hof, aus dessen Asphalt an manchen Stellen bereits Pionierbirken brechen, an dem ich jeden Morgen vorbeifahre und trotzdem nicht begreife, was sie produzieren. Es hat irgendwas mit Spulen zu tun. Keine Bilder, keine Erklärungen und kein Firmenlogo. Das fasziniert mich am meisten am deutschen Mittelstand. Er macht keine Werbung, benötigt kein Marketing, gibt sich schweigsamer als ein lebenslang Junggeselle gebliebener Hofverwalter und störrischer als Windows Vista. Und doch funktioniert er, weil er etwas herstellt, das bestimmte Instanzen auf jeden Fall immer brauchen. Etwas, das man den Menschen nicht erst künstlich durch Werbung andrehen muss. Wahrscheinlich ist es das, was sie mit «systemrelevant» meinen.

Das Anliegen des jungen Malochers allerdings hat mit der Firma nichts zu tun, sondern mit seinem privaten Online-Banking. Dringend muss er ein paar Rechnungen begleichen und umgekehrt schauen, ob die Bezahlungen von einem halben Dutzend eBay-Kunden angekommen sind, denn neben seiner Festanstellung handelt er privat mit Ersatzteilen für Autos und Mopeds.

«Sehen Sie das?», sagt er und macht mir vor, wie er sich einloggt. Vertrauensselig tippt er sogar den fünfstelligen Code für den Kontozugriff in die Maske ein, ohne abzuwarten, dass ich gekünstelt wegschaue. Doch in der Tat, es hilft alles nichts. Die Bank lässt ihn nicht rein.

«Ich hab nix gemacht!», hebt er die Hände, und ich notiere mir schnell, nachher den Strich zum Nachtragen auf dem Whiteboard zu machen. «Die haben auch keinen Grund, mich rauszuwerfen. Ich war schon seit Monaten nicht mehr im Dispo.»

Gerührt schaue ich den jungen Mann an, der es normal und richtig zu finden scheint, nicht die ganze Zeit mehr und mehr Schulden zu machen. Wie viele Handwerker haben wir noch gleich im Bundestag? Ich beuge mich vor und ziehe den Laptop heran. Für seine selbstständigen Geschäfte nutzt der junge Mann eines der modernen Bankhäuser, die man daran erkennt, dass sie keine Häuser haben. Kein Kunde spaziert im Dämmerlicht der gusseisernen Laternen über das Kopfsteinpflaster einer Kleinstadt in eine kleine Filiale. Auch riesengroße aus Glas und Stahl an den belebten Plätzen der Großstädte gibt es nicht. Die sogenannten Direktbanken haben ihre Schalter alle in der Wolke, und der kleine Junge in mir stellt es sich einen Moment lang vor, all die dunkel vertäfelten kleinen Schreibtische in den Wattebauschbergen.

«Wahrscheinlich ist es kein Problem mit dem Kontostand.»

Ich schließe den Browser, mit dem der junge Mann den Login-Versuch gestartet hat, öffne einen anderen, gebe die Bankadresse ein und schiebe ihm die Tastatur wieder zu.

«Versuch's jetzt mal. Ich darf doch Du sagen, oder?»

«Klar.»

Der junge Mann tippt die Zahlen ein und haut kraftvoll auf die Entertaste. Mehr zu seiner als zu meiner Überraschung öffnet sich die aktuelle Kontenübersicht. 2782,84 Euro im Plus. Ich bin beeindruckt.

«Sie haben ja Zauberhände. Wie haben Sie das gemacht?»

Mit dem Duzen meinte ich zwar keine Einbahnstraße, aber es soll mir recht sein. Ein wenig Distanz zu seinem IT-Dienstleister ist vor allem zu Beginn der Beziehung durchaus von Vorteil. Ich tippe auf den Bildschirm.

«Edge statt Firefox. Es war einfach der falsche Browser. Ihre Bank unterstützt den brennenden Fuchs wohl nicht mehr. Oder zumindest nicht einfach so, ohne dass man daran in der Tiefe herumbasteln muss. Makellos läuft's nur noch mit Microsoft-Browsern. Und mit Safari natürlich, falls sich jemand mit dem Apple einloggt.»

Abrupt macht der junge Mann auf dem Bürostuhl mit den großen Gummirollen einen Hüpfer nach hinten. Hektisch schiebt er mit dem Touchpad den Cursor auf dem Bildschirm hin und her, bis er den Button für den Logout findet. Erleichtert atmet er aus, lässt die Hände links und rechts der Tastatur flach auf dem Tisch platziert und senkt den Kopf. Er dreht ihn zu mir und sieht mich keuchend an wie ein Marathonläufer mit Seitenstechen.

«Microsoft Edge? Sind Sie des Wahnsinns? Ich benutze nur Mozilla. Sonst kann ich Bill Gates ja direkt all meine Zugänge zukommen lassen.»

«Microsoft spioniert deine Tastenanschläge nicht aus», antworte ich. «Und Bill Gates ist gar nicht mehr bei denen.»

Der junge Mann schüttelt den Kopf.

«Nein, auf gar keinen Fall. Mit Edge und Microsoft mache ich keine Bankgeschäfte. Nur mit Firefox und Mozilla.»

Kurz muss ich an einen erzkonservativen katholischen Priester denken, von dem mir Jonas einmal ein Video gezeigt hat. Nicht, weil er ihm zustimmt, in dem, was er sagt, sondern weil er sich grundsätzlich für alles interessiert, das so weit wie möglich vom heutigen Mainstream abweicht. «Mit kindlichem Vertrauen» solle der Gläubige der katholischen Kirche begegnen, sagt der Mann in seinem Impulsvortrag auf YouTube voller Überzeugung, nachdem er erklärt hat, dass nur diese Institution dazu befähigt sei, das Glaubensgut theologisch verbindlich auszulegen. Ich denke an die Zeit zurück, als der Computernutzer eine ähnlich bedingungslose Haltung gegenüber dem führenden Unternehmen aus Redmond, Washington hatte. Die Zeit, in der das vollständige Windows mit allen Daten und Datenträgern in großen Kartons verkauft wurde und einen beim Schreiben von Dokumenten mit Word Karl Klammer begleitete, die Büroklammer mit den großen Augen. Diese Zeiten sind lange vorbei. Heute haben sich die Menschen alle ihre eigenen Kokons gebaut, innerhalb derer sie nur noch ganz wenigen Instanzen vertrauen, denen dann aber tatsächlich wie ergebene Fans. Alles außerhalb dieser Kokons gilt als das Böse. Alles innerhalb als heilig und sakrosankt.

Die Mozilla Foundation und der Firefox

Anders als das profitorientierte Weltunternehmen Microsoft ist die Mozilla Foundation, die den Firefox bereitstellt, tatsächlich eine gemeinnützige Organisation, die sich für ein freies und offenes Internet einsetzt. Die Juristin Mitchell Baker, der JavaScript-Erfinder Brendan Eich und der technische Direktor Chris Hofmann haben sie 2003 als Ausgliederung von Netscape gegründet. Mozilla konzentriert sich darauf, die Privatsphäre und Sicherheit der Nutzer zu schützen und erzielt seine Einnahmen größtenteils durch Partnerschaften mit Suchmaschinen wie Google, die in Firefox zunächst als Standardsuche eingebunden sind, aber selbstverständlich auch umgestellt werden können. Firefox blockiert standardmäßig viele Tracker und Cookies von Drittanbietern, die Nutzer online verfolgen, den umfangreicheren Schutz allerdings bietet der Firefox Focus, den aber kaum jemand kennt und verwendet. Beim Firefox ist der Quellcode öffentlich einsehbar, was Sicherheitslücken schneller identifizierbar macht. Im Gegensatz zu Microsoft Edge oder Google Chrome sammelt Firefox deutlich weniger Daten über seine Nutzer. Ein noch rigoroserer Schutz vor Verfolgung ist in dem Konkurrenzprodukt DuckDuckGo eingebaut, das der M.I.T.-Physiker Gabriel Weinberg im Alleingang erfunden hat. Die Bankgeschäfte spioniert kein Browser der Welt aus, sondern nur Malware, die man sich weniger deswegen einfängt, weil man den falschen Browser nutzt, sondern weil man unachtsam im Netz herumklickt oder einen veralteten wie löchrigen Virenschutz installiert hat.

«Theoretisch ginge es mit dem brennenden Fuchs schon», sage ich. Hoffnung keimt in den Augen des Kunden auf.

«Ja? Wie?»

«Na ja, wie ich vorhin meinte – die Hoffnung liegt in der Tiefe. Rausfinden, wieso genau Firefox und die Bank sich nicht vertragen. Die Einstellungen für den erweiterten Tracking-Schutz prüfen, die Cookies, die verschiedenen Add-ons und Sicherheitserweiterungen.»

«Und dann ist es irgendwann richtig eingestellt und klappt wieder.»

«Vielleicht. Bis die launischen Feinschmecker von Mozilla ein Update machen und die nötigen Cookies wieder vom Teller fegen. Aber weißt du, was du auch machen könntest, ohne all diesen Ärger, ohne die Angst vor Datenspionage, allerdings jedes Mal gegen eine erkleckliche Gebühr?»

«Nein, was?»

«Zu einer Bank gehen. Also in jedem Sinne des Wortes. Du wechselst zu einer Bank, die auch in der echten Welt Filialen hat und könntest dann, wenn du's ganz safe haben willst, die Überweisungen klassisch tätigen. Kann ein schöner Spaziergang sein.»

«Wie, klassisch?»

«Na, mit einem Überweisungsträger.»

«Einem was? Wer trägt da was für mich?»

Kurz prüfe ich in den Augen nach, ob der Generation Z'ler, der nur dann auf der Straße klebt, wenn er sich mit seinem privaten Motorrad gekonnt in die Kurve legt, mich ein wenig aufziehen will. Aber nein, er weiß tatsächlich nicht, wovon ich rede.

«Ein kleines Stück Papier, DIN A6 quer, mit Kästchen zum Ausfüllen. Zahlungsempfänger, Zahlungsabsender, Kontonummern. Du trägst ein, wer was von dir bekommt, unterschreibst und gibst das Ding am Schalter in der Bank ab. Nachts kann man es sogar draußen einwerfen, die meisten Banken haben immer noch einen Schlitz für die Dinger.»

«Ich kann das, was ich sonst im Computer mache, in einer anderen Bank auf Papier erledigen?»

«Ja», antworte ich, «wobei die sich dann vielleicht auch mit dem Fuchs verstehen.» Kurz frage ich mich, ob ich ihm nach diesem kleinen Exkurs in das Altertum des Bankings von Kassetten erzählen soll. Von Tonbändern und kleinen, harten Zuckerstückchen aus dem PEZ-Spender. Vom Fernsehsender, der in der Nacht nur ein Testbild ausstrahlt und von einem Ort, an dem das Filmmenü aus dem Streaming-Dienst sich in Form endloser Regale voller klobiger Videobänder materialisiert hat, von denen man die jeweils neuesten immer frühzeitig reservieren musste, da es unmöglich war, dass alle Menschen sie sich gleichzeitig anschauten. Denn es gab nur maximal acht Exemplare von einem Blockbuster und mit viel Glück zwei von einem etwas älteren Film, der nur selten oder gar nicht im Fernsehen lief. Und wenn man beim Abgeben nicht zurückgespult hatte, musste man fünfzig Pfennig Strafe zahlen. Aber ich denke, es reicht, wenn er für heute erst mal das mit der Bank und den Papierzetteln verdaut.

Er fährt seinen Computer herunter, klappt ihn zu, steckt ihn bedächtig in die Tasche, steht auf, schaut aus der Tür in die Himmelsrichtung, in der unsere kleine Innenstadt beheimatet ist, und sagt: «So, Billy Boy, nimm das, ich wechsele jetzt die Bank und erledige meine Sachen dort, ohne, dass du mir im Lieber-Onkel-Tarnpulli mit deiner Brille auf der Nase über die Schulter spähen kannst!»

Schade, denke ich, als er weg ist, dass Jonas dieses Gespräch nicht mitbekommen hat. Erschöpft von der aufregenden Begegnung mit Viola, dem Hafermilchholen in Überlichtgeschwindigkeit sowie dem anstrengenden Eintragen seiner Daten auf Papier ausgerechnet hier in den digitalen Räumen, ist er auf dem Sofa in meinem Büro eingeschlafen.

Stromausfall

Malerisch liegen die Bauernhöfe links von mir in der Landschaft, knorrige Bäume davor und kleine Waldstücke dahinter. Die Neubaugebiete am Ende des Feldes wirken eher wie Bungalowparks oder Ferienanlagen, mit großen Gärten und Spielplätzen, auf denen Kinder auf Trampolinen senkrecht in den Himmel schießen. An den Einbiegungen zu Feldwegen stehen kleine Kapellen oder Jesus-Statuen mit einer Sitzbank und hellem Kies daneben. Selbst die Überlandleitungen für den Strom, der uns alle versorgt, haben etwas Friedliches an sich. Wenn ich so über die Landstraße auf unsere Ortschaft zufahre, möchte ich oft einfach von der Straße abbiegen und erst tief im Wald wieder anhalten. Nicht nur für zehn Minuten meinen Kaffee an der Tankstelle nehmen, sondern für ein paar Tage einfach nur verschwinden.

Stille.

Eine echte Pause.

Keine neue Nachricht kommt rein, kein Auftrag ist zu erledigen, niemand hat eine Frage. Nur das Rascheln der Baumwipfel liegt in der Luft, wenn der Wind in ihnen spielt. Alles ist erledigt und aufgeräumt, alle Antworten final gegeben.

In den vergangenen Jahren waren wir oft kurz vor so einer Situation und einmal sogar mittendrin, in den Tagen des ersten, vollständigen Lockdowns, als kein Flugzeug den Himmel durchkreuzte, die Luft schon nach wenigen Tagen klarer war und besser roch und alles wirkte wie ein verlängerter Urlaub, wie die Zeit zwischen den Jahren, die sich drei-, vier-, fünfmal wiederholt. Ende 2022 schien es bald wieder so zu sein, aber aus einem anderen Grund. Wie wild kauften die Leute Kaminholz bei den Großhändlern hier in der Gegend, nicht nur beim Bernward, sondern auch bei den Insider-Händlern, wo sich die Scheite hügelhoch in offenen Hallen türmen. Ein Mann in unserer Nachbarschaft schraubte Teelichtöfen zusammen und verdiente sich damit ein paar Monate lang eine goldene Nase. Alles roch danach, dass eine Phase des reinen Überlebens auf uns zukommen würde, ohne Gas, ohne Energie, ohne Strom. Und so viel Angst einige von uns auch berechtigterweise hatten, so sehr sehnten sich doch andere heimlich nach einer Zwangspause.

Laut unterbricht das Klingeln des Telefons im Autosystem meine innere Meditation. Aus der nachdenklichen Ruhe bin ich innerlich direkt auf 180. Zornig ramme ich meinen Finger auf den Knopf und rufe: «Bevor du was sagst, Mutter, *du* hast *mich* angerufen.»

Zu meiner Überraschung ertönt in den Lautsprechern des Autocockpits nicht die vorwurfsvolle Stimme meiner Erzeugerin, sondern die von Klaus.

Klaus ist der Mann von Heike. Gemeinsam betreiben sie ein kleines Geschäft für Angelbedarf in einer der größeren Nachbargemeinden. In Gesprächen vor Ort habe ich bereits viel gelernt über Fischarten und Gewässer und Köder, etwa über den Vorteil zweiteiliger Wobbler, die wegen des Schwanzteils ganz besonders für den Lachs noch mehr so aussehen, als schwimme da ein echter Fisch. Über Naturköder und faires Fischen, über Seen mit zu viel Kraut im Gewässer und über Catch & Release. Umgekehrt hören die beiden nie so wirklich genau hin, wenn ich ihnen erkläre, warum was wie in ihrer IT eingerichtet ist.

«Klaus», begrüße ich den Kunden freundlich und tatsächlich ein wenig erleichtert, dass nun keine zehnminütige Diskussion mit meiner Mutter darüber folgt, wer wen angerufen hat.

«Mach mir nicht den Klaus, Philipp», patzt er genervt zurück. «Wir hatten hier gerade einen Stromausfall, und Heikes PC ist ausgegangen. Warum?»

Kurz gehe ich davon aus, dass die Verbindung unterbrochen wurde, denn das «Warum?» kann ja nicht das Ende des Satzes gewesen sein. War es aber anscheinend doch.

«Nun, Philipp?»

«Klaus, du hast dir die Frage gerade selbst beantwortet. Kein Strom, keine PC-Nutzung.»

«Aber der Strom war doch nur ganz kurz weg! Heike will wissen, warum ihr PC aus ist.»

«Klaus, ist das jetzt wirklich ernst gemeint?»

Auf der Landstraße habe ich mich längst der Abfahrt in unser Gewerbegebiet genähert, rausche vor lauter Verdatterung aber daran vorbei. Sogar die nächste Abzweigung bei Möbel Gaßmöller verpasse ich und rausche zügig auf der Konrad-Adenauer-Straße Richtung Kreisverkehr weiter. Links zieht die Feuerwehrstation an mir vorbei, rechts das riesige Zweiradgeschäft.

«Selbstverständlich ist der PC aus, Klaus. Ohne Strom geht der nicht. Auch nicht, wenn der Strom nur ganz kurz weg ist!»

«Aber das kann doch nicht sein. Der Strom war sofort wieder da. Philipp, Heike ist wirklich sauer und sagt, du sollst sofort kommen. Wo bist du denn gerade?»

«In Hamburg», sage ich zu meiner eigenen Überraschung wie aus der Pistole geschossen. «Auf einer Fortbildung. Die Kurse sind in der Innenstadt, aber das Gasthaus liegt in Othmarschen, direkt an einem kleinen Sandstrand der Elbe.»

«Wie kannst du in Hamburg sein, wenn bei uns der Strom ausfällt?»

«Gib mir mal Heike.»

Klaus legt den Hörer ab, ich höre Schritte zwischen den Angeln und Ködern, die kleine Klingel der Ladentür. Kurz diskutieren die beiden, dann schnauft es und ich habe Heike im Hörer.

«Philipp.»

«Heike. Eine Frage: Wenn du ganz schnell den Lichtschalter an und aus machst, was passiert dann?»

«Das Licht geht an und aus, bekloppte Frage. Hältst du mich für dumm?»

«Schalte deinen PC wieder ein, bei mir geht gleich die Tagung weiter. Sollte durch den harten Shutdown irgendwas durcheinandergekommen sein, müssen wir heute Abend noch mal sprechen, aber meistens halten die Systeme einen kleinen Absturz wegen Stromausfall aus.»

«Philipp, das geht so nicht. Wir wollen eine Erklärung, warum der PC einfach so ausgeht.»

«Weil er ohne Strom nicht läuft, verflucht noch mal!»

Jetzt brülle ich doch, als wäre meine Mutter dran und wir sind bereits in der zwanzigsten Minute. Selbst durch den Kreisverkehr bin ich schon durch. Bald spuckt mich mein Dorf hinten wieder aus, und ich rutsche ohne mein Zutun wirklich auf die Autobahn Richtung Norden.

«Du hast uns mal erklärt, wenn wir die FritzBox neu starten, sollen wir mindestens dreißig Sekunden abwarten, damit die Restspannung rausgeht und wirklich alle Einstellungen wieder auf null sind.»

«Ja, es gibt so was wie Restspannung in Geräten, aber die sind dann trotzdem nicht mehr an. Das ist wie bei einem Huhn, das noch ein Stück weiterläuft, nachdem man ihm den Kopf abgeschlagen hat. Weil die Nerven nachzucken, nicht, weil es immer noch lebt.»

«Philipp, das ist ja widerlich. Wie kannst du so wenig Respekt vor unseren Mitgeschöpfen haben?»

Ich denke an die Millionen Fische, die bereits in Folge der Produkte, von denen Klaus und Heike leben, umgekommen sind. Denen es das Maul aufgerissen hat und die an der Luft, von der sie gar nichts wussten, weil das Wasser für sie das einzig bekannte Element war, elendig erstickten.

«Ich gebe dir wieder Klaus, wir haben Kunden.»

Diesmal geht es schneller, bis der Angesprochene wieder am Hörer ist.

«Du willst also nicht helfen?»

«Klaus!»

Im Hintergrund höre ich, wie die Kunden und Heike sich schnell handelseinig werden. Die Schublade der Kasse kracht. Heike ruft: «Lass, Klaus, wir hätten damals doch diese andere IT-Firma aus Münster nehmen sollen, die so hießen wie diese Fischwesen aus Krieg der Sterne. Außerdem hat der Apotheker Kalbstein uns gewarnt, wie frech die beiden sind.»

Jetzt reicht's. Mitnichten flutsche ich aus Versehen auf die Autobahn. Ich drehe an meiner geliebten Tankstelle, fahre über die Adenauer bis zur Ecke Gaßmöller zurück, biege scharf links ein und halte auf dem Parkplatz des Getränkemarktes, der ein dermaßen gutes Sortiment hat, dass Leute aus den Nachbarstädten hierherkommen, um teure Sorten wie Plose oder Lauretana zu kaufen, die völlig ohne künstlichen Druck unter den Gesängen italienischer Mönche bei Mondschein aus ihren Bergquellen fließen. Für die Antwort, die mir mein Hirn gerade zurechtgelegt hat, muss ich mit dem Wagen stehen, aber nicht vor unserer Firma, wo mich Kunden überfallen können.

«Klaus», sage ich so ernst, verbindlich und streng, wie ich kann, «ich tue jetzt mal so, als hätte ich das, was Heike aus dem Hintergrund gerufen hat, nicht gehört. Denn hätte ich es gehört, dann müsste ich ja davon ausgehen, dass ihr meine Hilfe nicht nur nicht länger wertschätzt, sondern richtiggehend verachtet. Dann gäbe es für mich keinen Grund mehr, dieses Gespräch fortzuführen oder dir, der du, glaube ich, immer noch ein etwas verständigerer Mensch bist als deine Frau, zu sagen, was man machen kann, damit Computer auch bei Stromausfall noch eine Weile weiterlaufen.»

Gut gesprochen, Philipp, lobe ich mich innerlich selbst, lehne mich im Autositz zurück und beobachte ein paar junge Leute, wie sie drei pickepackevolle Einkaufswagen mit rund zwanzig Kisten Bier, Radler und Limonade zu einem kleinen Bus ziehen. Wenn jemand hier auf dem Land 18 wird, seinen Führerschein gemacht hat oder sich früh verlobt, sind zu der Party ungefähr so viele Menschen eingeladen wie bei einer türkischen Großhochzeit.

«Okay, Philipp», sagt Klaus, «dieses eine Mal noch. Diese eine Chance.»

Notstromaggregate für Computer (USV)

Die sogenannten USVs sorgen – die Abkürzung deutet es bereits an – für eine unterbrechungsfreie Stromversorgung des Computers. Hierzu werden sie zwischen die Steckdose und den PC geschaltet. Die recht großen und schweren Boxen enthalten eine kraftvolle Batterie, die sich im Normalbetrieb auflädt und bei einem Stromausfall einspringt. Je nachdem, wie viel Voltampere (VA) das Gerät bereitstellt, kann es den angeschlossenen Rechner noch einige Minuten oder sogar bis zu einer Stunde mit Strom versorgen. Ausreichend Zeit, um wichtige Daten zu sichern, alle Programme ordnungsgemäß zu schließen und das Gerät sauber herunterzufahren. Das schont die Hardware, schützt vor Datenverlust und kann je nach Gerät sogar Stromspitzen abfangen, die Schäden durch Überspannung verursachen würden.

Es ist Abend. Langsam legt sich die Dämmerung über die Fertigungshallen, die Firmentore und die alte Esche am Kreisverkehr vor dem Fenster. Ich sollte nach Hause, doch das Telefon klingelt und meine Angelfreunde erscheinen im Display. Klaus ist dran.

«Hallo, Philipp», sagt er, als wäre eine Stunde vor Mitternacht eine normale Zeit, mich in beruflichen Dingen anzurufen. «Ich sitze hier mit Heike. Wir haben den Lautsprecher an.»

«Hallo, Heike», entgegne ich.

Sie schweigt.

«Wir haben darüber nachgedacht und sind zu dem Schluss gekommen: Es kann nicht sein, dass ihr uns immer nur was verkaufen wollt.»

Einen Moment lang muss ich überlegen, worauf sich dieser Vorwurf bezieht. Sollte er damit wirklich das absolut unverzichtbare USV-Gerät meinen, das ich ihm heute Mittag empfohlen habe, wenn er möchte, dass der Computer auch bei Stromauswahl nicht ausgeht?

«Die Gier hat euch erfasst, ganz eindeutig. Schlimm ist das. Ganz schlimm. Kein Gewissen. Keine Skrupel. Wir sind entsetzt, ganz ehrlich, Philipp, enttäuscht und entsetzt.»

Ich glaube nicht, was ich da höre. Vor meinen Augen tauchen Menschen auf, die tatsächlich keine Skrupel haben und kein Gewissen. Böse Typen und das, was sie tun. Ich denke daran, wie wir kämpfen, als kleiner Mittelstand, wie Fiskus, Bürokratie und Inflation uns immer wieder drohen, an den Rand des Abgrunds zu führen, obwohl wir fleißig sind. Fiskus, Bürokratie und Inflation ... FBI ... was für ein Trio. Der Mann da am anderen Ende der Leitung hat selbst ein Geschäft, ist Kaufmann, das ist das Allerschlimmste. Wäre er Philosoph oder Wirtschaftsminister, okay, aber so ist es der Gipfel der Anmaßung.

«Es muss auch einfachere Lösungen geben», schiebt Klaus hinterher, da ich bislang nichts gesagt habe.

Ich belasse es dabei, lege grußlos den Hörer auf, stehe auf und laufe langsam durch den Flur in die Werkstatt, wo Wulf gerade die Tastatur eines etwas altersschwachen Sony-Vaio-Laptops tauscht. Das Gerät gehört zu einer grasgrünen Baureihe, die längst nicht mehr hergestellt wird, und liegt dem Besitzer so sehr am Herzen, dass er es noch so lange betreiben möchte, wie es irgendwie geht. So ruhig ich kann, obschon innerlich so aufgewühlt wie der berühmte Dickson-Fjord in Grönland, in dem nach einem Bergsturz eine riesige stehende Welle hin- und herschwappte, berichte ich Wulf davon, wie Klaus und Heike heute mit mir umgesprungen sind.

Er sieht mich an. Mein Kollege, mein Freund, meine bessere männliche Hälfte, und er weiß, dass er diesen Erziehungsauftrag nun ganz allein übernehmen und mich vollständig von der Überlegung entlasten soll, wie dieser am besten vonstatten zu gehen hat. Es dauert nicht lange, da verschwindet er in seinem Büro, ruft Klaus und Heike an und spricht wie der «Good Cop» zu ihnen. So, als wäre er auf ihrer Seite und könne den Ärger über mich verstehen.

«Philipp hat viel Stress in letzter Zeit, das müsst ihr verstehen. Die Kinder kommen in die Pubertät, wir sind völlig überarbeitet, denn wir finden einfach keine Leute.

Aber ich kann mir das gern jetzt und hier noch einmal per Fernwartung anschauen, wenn ihr mir diese Chance gebt.»

Neugierig höre ich das Gespräch im Türrahmen. Eine Fernwartung, um das unerklärliche Rätsel zu lösen, wieso ein Computer ohne Notstromaggregat bei einem Stromausfall augenblicklich ausgeht. Was hat er vor? Wulf schaltet sich auf den Rechner und vollführt ein paar Handgriffe auf der Tastatur, die bei ihm in solchen Momenten tatsächlich immer so aussehen, als hätte man sich in eine amerikanische Hacker-Serie geschaltet. Konzentriert runzelt er die Stirn und lehnt sich vor, als müsse er für Klaus und Heike, die ihn nicht einmal sehen können, sogar schauspielern. Begleitet von einem glaubwürdig erstickten Schrei, reißt er die Augen auf.

«Klaus, was ist denn das? Da ist ja alles weg!»

Wulf stellt das Telefon auf laut. Am anderen Ende der Leitung ertönt ein erstickter Schrei von Klaus und ein hochtoniges Kieksen von Heike. Ich schreite um seinen Schreibtisch herum und sehe, was er auf ihrem Rechner, dessen Desktop ja nun auf seinem Bildschirm zu sehen ist, getan hat. Ein pechschwarzer Bildschirm, auf dem nichts zu sehen ist, außer ein kleiner blinkender Cursor auf der oberen linken Seite. Jeden Moment erwarte ich, dass dort ein «Tock Tock» erscheint, wie in der ersten Szene von *Matrix*.

«Um Himmels willen, Wulf! Was ist das?»

«Das», sagt Wulf, mit grandios gespieltem Entsetzen in der Stimme, «nennen wir den Dark Death.»

Lässig lässt er den frei erfundenen Begriff im Raum

stehen, spürt aber ebenso wie ich, dass es noch ein, zwei weitere Sätze braucht, um die Erziehung durch Schock wirklich glaubhaft einrasten zu lassen. «Das passiert, wenn durch einen plötzlichen Stromausfall, ohne dass der Rechner durch ein Notstromaggregat geschützt ist, auf einen Schlag sämtliche PerfLogs in eine diskrete logarithmische Schleife geraten, ohne dass die NPETraceSession diametral gegenwirken kann.»

Ich halte mir die Hand vor den Mund, um nicht laut loszulachen. Niemand beherrscht diese Technik so gut wie Wulf, wenn er zwecks Kundenerziehung seine 20-Worte-Grenze durchbricht. Jeder Begriff seines Satzes existiert tatsächlich. Der Ordner PerfLogs verzeichnet auf Windows-Systemen Protokolldateien zur Leistungsüberwachung. Die Datei NPETraceSession.etl gehört zu den sogenannten Event Tracing Logs, die von Windows ebenfalls erstellt werden, um Aktivitäten des Systems oder spezifischer Anwendungen aufzuzeichnen. Gut vermischt mit mathematischem Kauderwelsch, sagt ihnen Wulf gerade im Grunde auch nichts anderes, als dass sie endlich ein Notstromaggregat kaufen sollen, doch beim Anblick des Dark Deaths vor ihnen auf dem Bildschirm fällt Klaus und Heike ihr empörtes Argument, dass dies nur eine völlig illegitime Verkaufsstrategie sei, vor lauter Angst nichts mehr ein. Wulf muss das kleine Programm, das dem Computer von Klaus und Heike befiehlt, einen selbst durch Mausbewegung nicht so einfach aufzulösenden Bildschirmschoner mit grünem Cursor auf schwarzem Grund anzuzeigen, in der halben Stunde vor dem Telefonat geschrieben haben. Oder er hat es schreiben lassen, von der KI, die gerade in Sachen Programmierung längst Erstaunliches vollbringt, wenn der Prompt, den man ihr eingibt, präzise genug ist.

«Was sollen wir denn jetzt bloß tun?», fragt Klaus.

«Ihr müsst jetzt ganz stark sein», antwortet Wulf. «Das Allerwichtigste ist, dass ihr den Computer einfach ausschaltet und unbedingt so stehen lasst, wie er ist. Nicht mehr anmachen, nicht mehr anrühren. Morgen früh komme ich vorbei.»

«Gut», antwortet Klaus, «und wenn du dann kommst und, angenommen, du kannst den Rechner irgendwie retten, dann bring doch dieses Stromdings einfach direkt mit und schließe es an, okay?»

Programme schreiben lassen durch KI

Die Zeiten, in denen Programmierer mühsam jede Codezeile von Hand schreiben mussten, sind vorbei – zumindest für viele kleinere und mittelgroße Aufgaben. Je nachdem, wie talentiert der Mensch vor dem Bildschirm darin ist, klar und präzise seine Vorstellungen zu formulieren, kann die Künstliche Intelligenz mittlerweile nicht nur fertige Code-Schnipsel liefern, sondern ganze Programme schreiben. Dies gelingt dadurch, dass sogenannte Large Language Models wie ChatGPT nicht «nur» mit gewaltigen Mengen von Sprache im klassischen Sinne, sondern eben auch in Programmiersprachen wie Python, Java, C++ und vielen anderen trainiert wurden. Für den Hausgebrauch kann ChatGPT, besonders in seinen leistungsfähigen Bezahlversionen, komplexe Anfragen verstehen und Code in vielen Sprachen generieren. Geübte Entwickler nutzen eine KI wie GitHub Copilot, das sich in Entwicklungsumgebungen wie Visual Studio Code integriert und automatisch Code vorschlägt, während der Nutzer tippt. Die KI Replit Ghostwriter nutzt in ähnlicher Weise die Programmierumgebung Replit und bietet an, das geschriebene Programm schnell und gefahrlos in der Cloud zu testen. Wie bei jedem Handwerk geraten die Ergebnisse umso besser, je meisterlicher die Werkzeuge genutzt werden.

Am nächsten Mittag kehrt Wulf von seinem Besuch im Angelgeschäft von Heike und Klaus mit dem zufriedenen Blick eines Mannes zurück, dessen Tochter endlich doch eingesehen hat, dass ihr aktueller Freund nichts für sie ist, und nun gemeinsam mit ihrem Bruder als doppelte Unternehmensleitung das Familienerbe antreten wird.

«Computer gerettet», sagt er und rahmt das Wort mit den Fingern seiner beiden Hände in Anführungsstriche, «sowie eine große USV platziert. Die haben die ganze Nacht kein Auge zugetan, kann ich dir sagen. Solche Augenringe hat man damals nicht mal bei Horst Tappert gesehen.»

«Und wenn sie den Rechner zwischendurch doch selber wieder hochgefahren hätten?»

«Dann wäre ihnen wieder der Dark Death begegnet. Schließlich habe ich mein kleines Programm während der Fernwartung auch noch unbemerkt in die Startroutine geschoben.»

«Du bist ein böser Mann», sage ich, schaue aus dem

Fenster vorbei an der Esche im Kreisverkehr, wissend, dass lediglich zwei Kilometer hinter der nächsten Häuserreihe die endlosen Felder beginnen. Wieder träume ich davon, einfach den ganzen Tag durch sie hindurch zu laufen, unter den Strommasten, bis in den Wald, wo mich keiner mehr anrufen kann. Ich glaube, ich bin urlaubsreif.

Auf der Suche nach der verlorenen Zeit

Heute habe ich tatsächlich frei, aber nicht, um für einen Tag ins Sauerland zu fahren oder mich in die warme Therme der Solebäder von Hamm oder Werne zu legen. Nein, heute, und ich hätte auch nicht gedacht, dass ich das in meinem Leben mal sagen kann, heute ist für mich Drehtag. Ein Team des regionalen Fernsehfensters ist zu Gast, um einen Beitrag darüber zu drehen, wie die künstliche Intelligenz mittlerweile in unser aller Alltag angekommen ist. Als Hauptdarsteller des Fünfminüters, für dessen Dreh ich mir einen ganzen Tag Zeit nehmen soll, wurde ich auserkoren, weil die Redaktion mein Buch gelesen hat. Und so schwirren seit heute Morgen um acht die Moderatorin, ihr Assistent, zwei Kameraleute, ein Tonmann und ein Praktikant zwischen unserer Hausetage, den Treppen, dem Vorplatz und der Straße herum. Bis eben haben sie draußen jede Menge sogenannter Establishing-Shots gedreht, stimmungsvolle Schnittbilder der Umgebung und des Hauses, die zu Beginn des Beitrags zusammengeschnitten werden, damit das Publikum einen Eindruck davon bekommt, wo es sich befindet. Sogar eine Drohne haben sie fliegen lassen, um ganz elegant aus der

Höhe auf unser Gebäude heranzoomen zu können. Jetzt brauchen sie Schnittbilder von mir selbst, denn auch wenn Millionen von Menschen sich im Internet mehrstündige Sendungen von Content-Creatorn anschauen, in denen diese ohne Schnitt vor der Kamera sitzen und stundenlang über ihr Thema sprechen, traut man dem alteingesessenen Publikum des linearen Fernsehens nicht zu, dranzubleiben, wenn später im Beitrag nicht nach jedem dritten Satz von mir ein Schnittbild kommt, auf dem ich von links nach rechts oder von rechts nach links über den Flur laufe, Kaffee trinke, mit Wulf und Jutta scherze oder umtriebig telefoniere. Jetzt gerade versuchen wir zum zwölften Mal den natürlichen Gang über den Flur.

«Ich glaube, Sie wissen nicht, wohin mit Ihren Armen», sagt die Moderatorin, die zugleich Regisseurin des Beitrags ist. Ihr Bildmann hat eine riesige Kamera mit breiten Gurten um seinen Körper geschnallt und muss bei jedem Versuch vor mir behutsam rückwärts laufen, während der junge schlaksige Tonmensch ein teures Mikrofon mit einem wuscheligen Windschutz in Form eines ungeduschten Frettchens an einer langen Stange über uns hält.

«Wo haben Sie Ihre Hände denn sonst, wenn Sie einfach vom Büro über den Flur zum Kaffeeautomaten laufen?»

Ich überlege und antworte wahrheitsgemäß, dass ich mir darüber noch nie Gedanken gemacht habe.

Die Regisseurin schnippt mit dem Finger.

«Gut, dann machen Sie sich jetzt auch keine. Seien Sie einfach so wie immer. Denken Sie nicht über Ihre Hände nach.»

So wie immer ist es schwierig, denke ich, denn normalerweise läuft ja kein Mensch mit einer gyroskopisch angelegten Kamera vor sich her, mit der man auch eine Kampfsequenz von *John Wick* filmen könnte.

«Wir sind gar nicht da», ruft die Regisseurin. «Denken Sie sich uns einfach weg, und lassen Sie sich in die ganz alltägliche Situation fallen, über den Flur zu laufen. Also Leute, das Ganze noch mal!»

Ich gehe zurück zu meiner Bürotür, hinter der Jonas steht und das Geschehen aufgeregt beobachtet. Kurz nach der Ankunft des Teams hat er der Regisseurin seine frisch gedruckten Visitenkarten zugesteckt.

Schwarz, mit grüner alter Computerschrift, wie bei Wulfs gefälschtem Dark Death und wie auf dem berühmten Rechner von Thomas A. Anderson und später den Bildschirmen des Erdraumschiffs Nebukadnezar. Auf der Karte bezeichnet sich Jonas als investigativer Blogger zum Thema Fehler in der Matrix. Wulf arbeitet unberührt von den Gästen in seinem Büro, hinter den CIA-Bildschirmen. Jutta ist im Damen-WC verschwunden, um sich ein wenig mehr zurechtzumachen, da die Regisseurin angekündigt hat, auch von ihr noch ein paar O-Töne zum Thema E-Rechnung und KI-unterstützter Buchhaltung einholen zu wollen.

«So, Spielbusch, die dreizehnte, wir sind so weit. Bitte schön.»

So gedankenlos, wie es mir möglich ist, schlendere ich über den Flur. Eine Hand leger in der Hosentasche, die andere natürlich an der Seite baumelnd. Die Hälfte des Weges habe ich geschafft, als sich wie ohne mein Zutun plötzlich meine Lippen spitzen und der erste Pfeifton aus ihnen entweicht. Wie es weitergegangen wäre, kann ich nur ahnen, denn schnell fällt mir auf, dass beim Schlendern über den Flur ein Liedchen zu pfeifen, nicht gerade das ist, was man natürlich nennt. Da es mich selbst überrascht hat, kann ich auch nur vermuten, was es hätte werden sollen. Ich vermute, es handelt sich um die klassische Melodie von Super Mario. Düpdüp, düpdüpdi düp, düpdidüpdidüpdüpdüpdidüp.

«Stopp, Schnitt, aus!», ruft die Regisseurin. Genervt stemmt sie die Arme in die Hüften, legt den Kopf schief und sieht mich mit einer Mischung aus ernst gemeintem und scherzhaft gerahmtem Vorwurf an.

«Herr Spielbusch, ein Liedchen pfeifen wie ein Soziopath im Krimi, bei dem man schon ahnt, dass der Pfeifer in Wirklichkeit Leichen im Keller hat – ist das Ihr Ernst?»

«Ich habe nicht nachgedacht», verteidige ich mich, «so wie Sie es wollten.»

Hektisch fährt sich die Frau durchs Haar, und ich fühle mich verpflichtet, nun meinerseits einen Vorschlag zu machen.

«Wenn Sie was Natürliches wollen, können wir uns dann nicht einfach unten auf die Straße stellen? Ich mache eine Fünf-Minuten-Pause, schaue nachdenklich durch die Gegend und ziehe dabei an meiner E-Zigarette. Dann weiß ich auch ganz genau, wohin mit meinen Händen, und es ist nicht die Gefahr, dass ich gleichzeitig pfeife.»

«Das finde ich gut», sagt der Assistent, der bislang ruhig geblieben ist und seinerseits gemeinsam mit der Regisseurin heute Morgen unten auf der Straße gemeinsam eine echte Zigarette geraucht hat, während Kamera und Ton ihr Zeug auspackten und zusammenstöpselten.

«Nein», winkt die Regisseurin ab. «Rauchen geht gar nicht, auch nicht vapen. Versuchen wir vielleicht erst mal Ankunft und Treppenhaus.»

Goldene Regel im Umgang mit Medienmachern:

Wenn jemand sich bereit erklärt hat, einen für das klassische Fernsehen zu filmen, sollte man innerlich auf Engelsgeduld schalten und einfach alles mitmachen, was von einem verlangt wird. Zumindest solange die Zielgruppe dessen, was man anzubieten hat, nicht ausschließlich aus Menschen unter dreißig besteht, die das klassische Fernsehen ebenso wenig wahrnehmen wie Überweisungsträger aus Papier, schwarzen Kaffee ohne alle Zusätze und die Tatsache, dass im Supermarkt die wirklich günstigen Produkte zum Überleben auf Fußhöhe stehen. Im Bewusstsein aller anderen hat das Fernsehen tatsächlich immer noch eine Bedeutung und sogar eine höhere Autorität als alles, was über YouTube, Instagram oder gar TikTok läuft.

Die nächste Stunde verbringen wir damit, in insgesamt zweiundzwanzig Anläufen zu filmen, wie ich nicht pfeifend an der Firma ankomme, die Tür im Erdgeschoss aufschließe und die Treppen hinaufsteige. Eine weitere Stunde geht dafür drauf, mich vor der Tür draußen in den Dienstwagen zu setzen, während des Einsteigens den linken Finger geschäftig an mein kleines Headset zu legen und dem gespielten Kunden in der Leitung meinen kleinen Text – «ich bin gleich da!» – entgegenzurufen.

Erst am frühen Nachmittag sind wir mit den Schnittbildern fertig. Mein Rücken tut weh vom vielen künstlichen Laufen und mein Nacken beschwert sich im knarrenden Tonfall des frühen Kurt Cobain. Umso mehr freue ich mich darauf, die nächsten ein, zwei Stunden in aller Ruhe im Konferenzraum sitzen zu dürfen und das eigentliche Interview zu geben. Jutta ist derweil schon wieder im Bad, weil das Frischmachen von heute Morgen aus ihrer Sicht seine Haltbarkeitsgrenze bereits wieder überschritten hat. Gerade will ich Jonas beauftragen, für die Fernsehjournalisten und uns frischen Kaffee zu machen und in der Teeküche eine Keksmischung zusammenzustellen, da klatscht die Regisseurin in die Hände, und der schlaksige Tonmann fährt den langen Stab mit dem Frettchen ein, der sich, wie ich in der Zwischenzeit gelernt habe, Angel nennt.

«So, wir müssen für heute Schluss machen», sagt sie, schaut auf ihre Armbanduhr und fügt hinzu: «Team 2 dürfte aber in einer halben Stunde hier sein.»

Verdutzt schaue ich die Frau an.

«Team 2?»

«Ja, wären wir schneller gewesen mit all den Schnittbildern, dann hätte ich das Interview noch führen können. Aber so ist unsere arbeitsrechtlich vorgeschriebene Zeit abgelaufen.»

Ich denke an all die Tage, an denen ich, um mit den Aufträgen fertig zu werden, bis 22 oder 23 Uhr in der

Firma sitze. Ich denke an Notärzte und Bäcker, an all die Selbstständigen, die ich kenne, die sich ganze Wochenenden um die Ohren schlagen, um der staatlich geforderten Bürokratie gerecht zu werden, die sich in der regulären Arbeitszeit nicht erledigen lässt und für die nur große Firmen einzelne Angestellte abstellen können. Ich denke an alle meine Kunden, die ebenfalls die Nacht zum Tag machen, wenn es sein muss, und etwas fertig zu stellen ist: Viola, die Werbefrau, Holzhändler Grütering und die Schriftstellerin mit dem Zeitlinienroman, in den ich mittlerweile auch reingelesen habe und schon ahne, dass mein Nachttischlicht in den kommenden Wochen erst zu einer sehr unvernünftigen Zeit ausgehen wird.

«Selbst, wenn wir wollten, könnten wir nicht bleiben, Herr Spielbusch. Das ist der öffentlich-rechtliche Rundfunk.»

Um zu begreifen, was sie dort sagt, formuliere ich es in eigenen Worten.

«Anstatt noch eben das Interview mit mir zu drehen, das bestimmt schneller geht als die Schnittbilder, müssen Sie nun alles einpacken, und eine komplett neue Mannschaft wird nachher alles wieder aufbauen, weil Sie wie Beamte Ihren Tag selbst dann zu beenden haben, wenn Sie selbst noch weitermachen wollen würden?»

«Ganz genau, Herr Spielbusch, wie ich schon sagte, es ist der öffentlich-rechtliche Rundfunk, nicht die Privatwirtschaft.»

Die Rundfunkgebühr

Die Rundfunkgebühr, heute offiziell als Rundfunkbeitrag bezeichnet, wird heute nicht mehr wie früher nach Geräten berechnet, sondern pauschal pro Haushalt. Die Betriebsstätte ist dabei selbstverständlich ebenfalls beitragspflichtig, allerdings nur mit einem Drittel des privaten Beitrags, solange man nicht mehr als acht Mitarbeiter beschäftigt. Bei 9 bis 19 Beschäftigten kostet sie genauso viel wie ein Privathaushalt, der höchste Beitrag fällt bei über tausend Arbeitnehmern mit knapp 735 Euro pro Monat an. Auch sämtliche Fahrzeuge, die auf das Unternehmen zugelassen sind, fallen unter die Gebühr. Taxis und andere Fahrzeuge, die ausschließlich der Personenbeförderung dienen, sind ausgenommen. Alles in allem spült die Gebühr den öffentlich-rechtlichen Sendeanstalten und ihren Pensionskassen derzeit 9 Milliarden Euro pro Jahr in die Kassen.

Eine gute Stunde später sitze ich im Konferenzraum vor einer frischen Redakteurin, die sich von ihrer Vorgängerin wirklich nur durch die leicht dunklere Haarfarbe unterscheidet. Selbst ihr Team ähnelt dem von heute Vormittag. Kurz muss ich an die verrücktesten Theorien von Jonas denken, darunter die, dass es sich bei den meisten Menschen in unserer Welten-Simulation um NPCs handelt, also persönlichkeitsarme Nichtspieler-Charaktere, die in dem großen Multiplayer-Rollenspiel, in dem wir uns befinden, nicht auf tatsächliche menschliche Bewusstseine zurückgehen, sondern lediglich oft kopierte Standardprogramme sind.

«Nehmen wir an, die Familie kommt zu Besuch», spreche ich gerade in das kleine Hemd-Mikrofon, das mir angesteckt wurde. Anders als die Schnittbilder, kommt das Interview ganz ohne frettchenartige Angel aus. «Es ist Weihnachten oder Ostern, und alle haben völlig verschiedene Vorstellungen vom Festessen. Der Onkel will sein gutes Stück Fleisch. Die Tante ist seit Neuestem Vegetarierin. Die Cousine hat eine Laktoseintoleranz. Wie viel Arbeit wäre es, sich ein Rezept für ein schönes Drei-Gänge-Menü zum Festtag nun per Hand auszudenken? Oder per Kopf, sozusagen? Was also tun?» Schnell gebe ich auf meine rhetorische Frage selber die Antwort. «Wir nutzen die KI.»

Die Redakteurin ist froh über das lebensnahe und auch latent lustige Beispiel. In aller Ruhe erläutere ich ein paar weitere Szenarien aus dem Alltag, die sich allesamt viel schneller erledigen lassen als noch in der Zeit vor zwei, drei Jahren, in denen uns die künstliche Intelligenz nicht mit zahlreichen Tools zur Verfügung stand. Ich erzähle von Apps für die Reiseplanung und dem automatischen Preisvergleich, von der intelligenten Netzsuche mit Perplexity und von einem völlig irren Tool, mit dem man fünfhundertseitige, sogar wissenschaftliche Texte so zusammenfassen lassen kann, dass daraus ein bloß einstündiger Podcast entsteht, in dem zwei unglaublich menschlich wirkende Stimmen sich über die wichtigsten Punkte des verarbeiteten Buches oder der Studie unterhalten.

«Können Sie erahnen, wie viel Zeit das spart?», frage

ich und beuge mich diesmal wirklich spontan, unüberlegt und authentisch am Tisch nach vorn. «Wenn Sie die kompliziertesten Dinge, die Sie früher wochenlang hätten studieren müssen, in wenigen Stunden von der KI erklärt bekommen?»

Wissen to go durch Podcast-KIs

Unter all den vielen Anwendungen, die sich langsam im Bewusstsein der Menschen verbreiten, gehören KI-Tools wie NotebookLM von Google oder PodLM zu den weniger bekannten, die aber den erstaunlichsten Nutzen haben. Sie können lange Texte und Dokumente automatisch zu Podcasts umwandeln, in denen realistisch klingende Stimmen die Inhalte zusammenfassen und als völlig natürlich wirkenden Dialog präsentieren. Websites, PDFs oder DOCs, selbst Hunderte von Seiten lang, von Roman über Katalog bis zur Doktorarbeit, verwandeln sich in eine Sendung, die sich bequem auf einer langen Autofahrt oder bei der Hausarbeit hören lässt. Derzeit ist die Ausgabe leider nur auf Englisch möglich. Es können aber auch deutschsprachige Texte verarbeitet werden.

Zum Abschluss des Gesprächs spiele ich dem begeisterten Team 2 vom WDR noch den Titelsong unseres Twitch-Kanals vor, mit dem dort die Sendungen beginnen, in denen unsere virtuellen Autorennen gezeigt werden. Ein komplett mit einer Musik-KI erschaffender Song, der in flottem Pop-Rock-Stil irgendwo zwischen Pink, Revolverheld und Paramore in die Sendung einführt und dessen Text allein darauf basiert, dass ich dem Algorithmus die wichtigsten Stichworte zugerufen habe.

«Über dreißig Anläufe hat es gebraucht», erzähle ich, «aber dann hat es gesessen.»

Am Ende des Gesprächs applaudiert das kleine Team sogar. Mit Jutta, die den ganzen Tag auf heißen Kohlen gesessen hat, drehen sie allerdings heute nicht mehr.

«Für heute haben wir genug Material», sagt die Redakteurin, «aber seien Sie beruhigt, zur E-Rechnung ist ein eigener Beitrag geplant, da kommen wir im kommenden Monat noch einmal auf Sie zu.»

Als alles Öffentlich-Rechtliche restlos aus unseren Räumen verschwunden ist, stehen Wulf, Jutta, Jonas und ich erschöpft neben dem Kaffeeautomaten und dem Whiteboard zusammen.

«Wenn die den Beitrag wirklich noch machen», sagt Jonas, «dann vergiss nicht zu erwähnen, dass auch die E-Rechnung ein weiterer Baustein auf dem Weg zum digitalen Überwachungsstaat ist.»

Jutta klopft ihm auf die Schulter und nickt mit halb geschlossenen Augen. Wulf nutzt seine zwanzig Worte, die er heute tatsächlich den gesamten Tag über noch nicht gebraucht hat.

«Das Twitch-Lied ist das Einzige, was du ausprobiert hast. Wie kriegst du so ein Gespräch über KI-Tools für Endverbraucher hin?»

«Hab's mir schreiben lassen», lache ich, «von der KI.»

Es geht auf 23 Uhr zu. In meiner erfundenen Zeitlinie von heute Nachmittag stünde ich jetzt auf dem Balkon des Gästezimmers in Othmarschen mit Blick auf die Elbe, zöge noch ein paar Mal an der E-Zigarette und bliese den fruchtigen Qualm in den Nachthimmel unter dem silbernen Mond. Tatsächlich aber schaue ich mir mit meinen Kindern eine Festung an, die Bekannte von ihnen in *Minecraft* errichtet haben. Eine Art Burg mit hohen Mauern, Wachtürmen an allen vier Ecken, Innenhöfen mit Brunnen und kleinen Gestüten für Pferde. In einen Flügel des Gebäudes haben sie Sporträume mit Boxring und Schießanlage gebaut, in den anderen allerdings auch eine riesige Bibliothek. Umgeben ist das Gelände von Wasser, locker hundert Meter hoch erhebt sich der Hauptturm über das Meer. *Minecraft*, diese kreative Zauberwelt, hat sich zum meistverkauften Spiel aller Zeiten gemausert. Rund 300 Millionen Exemplare, fast hundert Millionen mehr als Grand Theft Auto V auf dem zweiten Platz, wo man sich eine kriminelle Karriere aufbaut und mordet. Es ist fast wie in der Musik, wo das ganz große Geld heute entweder mit ganz sensiblen, verletzlichen Popsongs von Frauen gemacht wird, die man wie Olivia Rodriguez oder Billie Eilish oftmals einfach nur tröstend in den Arm nehmen möchte, oder mit verletzenden Rapsongs von Männern, die so anmaßend und provokant herumpöbeln, dass man sie ebenfalls gern in den Arm nehmen würde, nur eben von hinten, den Arm um ihren Hals, um sie dann ganz langsam zu Boden sinken lassen, wenn sie bewusstlos sind und endlich Ruhe herrscht.

Es ist zwar die Nacht auf den Samstag, aber als verantwortungsvoller Vater sollte ich wohl langsam zum Zubettgehen mahnen. «Nur noch ein bisschen», sagt Finn, der im Verhandeln immer besser geworden ist. «Du weißt doch, Papa, das Gesündeste ist, wenn der Mensch seinem eigenen Rhythmus folgt. Wenn er schläft, wenn er wirklich müde ist. Und das sind wir noch nicht.» Eifrig nickend bestätigt das seine Schwester.

«Gut», sage ich, «aber jede Minute zu so später Stunde mehr zieht euch morgen von der Tagesportion Bildschirmzeit zwei Minuten ab. Das nennt sich die Nachtdoppelung und ist mein Privileg als der, der hier den Strom und später eure Ausbildung zahlt.»

Da meine Kinder gut rechnen können, und dank der klaren Regeln im Haus noch keine ausweglose Dopaminsucht entwickelt haben, welche die größten Unternehmen dieser Welt ihnen einimpfen wollen, liegen sie wenig später in ihren Betten. Auch von Jutta höre ich bereits das süße, sanfte Schnarchen, das so niedlich klingt, als habe sich ein kleines Quokka in unser Schlafzimmer verirrt. Ich stehe im Badezimmer, die Zahnbürste zwischen den Zähnen, als mich eine Nachricht auf dem Handy erreicht. Sie ist von Jonas.

Möchte um die späte Zeit nicht klingeln, stehe unten vor der Tür.

Stirnrunzelnd ziehe ich die Bürste mit der fluoridfreien Zahnpasta aus dem Mund, auf die ich mich zum Schutz meiner Zirbeldrüse auf Jonas' Drängen hin einfach mal experimentell eingelassen habe, um gespannt darauf zu warten, ob mein Denken nach zwei Monaten tatsächlich klarer wird. Ich spüle den Mund aus, tapse auf meinen rutschfesten Bequemsocken die Holzstufen hinab und öffne die Haustür.

«Es ist tatsächlich wahr», sagt er im Licht der kleinen Außenleuchte. «Jetzt ist es einwandfrei bewiesen.»

«Was?», frage ich, nehme den Haustürschlüssel vom Brett, werfe mir eine Jacke über und trete zu ihm vor das Haus in die Nacht, um meine schlafende Familie weiter träumen zu lassen.

Unweit der Nachbarhäuser beginnt ein Spazierweg, wie ihn ein Kind bei *Minecraft* nicht idyllischer hätte erfinden können. In sanften Kurven schlängelt sich der sanft gekieste Pfad durch ein Grüngebiet, gesäumt von Obstbäumen, an denen sich im Sommer jeder bedienen darf, Sitzbänken und großen Findlingen.

«So, erzähl», sage ich. «Was ist bewiesen?»

«Na, dass wir in einer Simulation leben. Ich weiß, ich weiß, ich sage das immer schon, aber bislang war es nur eine Theorie. Außerdem muss man als Blogger ja auch eine Marke sein und die Dinge ein bisschen zuspitzen. Aber jetzt, jetzt ist es klar.»

Ich schaue den jungen Mann an, wie er da im Licht der Laternen neben mir herläuft. Vor ein paar Monaten hat es sich die Gemeinde erlaubt, sie zwischen Mitternacht und sechs Uhr morgens auszuschalten, um angesichts der Krise Energie zu sparen, doch die Proteste zahlloser Hundehalter und vor allem Hundehalterinnen sorgten dafür, dass der Obstbaumpfad als beliebtester Spazierweg unseres Städtchens wieder beleuchtet ist.

«Willow», sagt Jonas und lässt den Begriff einen Moment lang in der Nachtluft stehen.

«Der Quantenchip aus den Google-Laboren?», frage ich.

«Genau der. Neulich haben sie den Computer mit dem Ding drin angeworfen und es hat eine Berechnung ausgeführt, für die selbst der schnellste der normalen Computer auf dieser Welt nachweislich zehn Quadrillionen Jahre bräuchte. Und zwar in fünf Minuten. Kannst du dir so etwas vorstellen? Zehn Quadrillionen Jahre? Das ist 725000 Mal so lang wie das Alter des Universums.»

Ich habe auch davon gelesen, es aber nicht so nah an mich rangelassen wie Jonas.

«Das ist eine Ewigkeit, Philipp. Wenn irgendwas nah an dem ist, was unser Geist als Ewigkeit zu fassen versuchen kann, dann zehn Quadrillionen Jahre. Und dieser Chip kürzt den Weg ab auf fünf Minuten. Verstehst du? Es kann nur funktionieren, wenn der Quantenrechner sozusagen eine Abkürzung nimmt, eine Abkürzung durch Dimensionen jenseits unserer Zeit.»

Ich muss zugeben, dass die Möglichkeiten, die mit Quantencomputing auf die Menschheit zukommen, so faszinierend und angsteinflößend zugleich sind, dass angesichts dieser Entwicklungen jede Diskussion über irgendwelche politischen Reformen, womöglich noch bloß innerhalb gewisser Landesgrenzen, so dermaßen überholt, naiv und kurzsichtig erscheint wie ein Kommunalrat, der angesichts eines ganz sicheren Meteoriteneinschlags immer noch darüber streitet, ob der Dorfbrunnen rund oder eckig sein sollte. Trotzdem gibt es für das, was Jonas für einen Beweis höherer Dimensionen hält, durchaus rationale, diesseitige Erklärungen.

«Das funktioniert, weil es sich um Berechnungen handelt, die ein Quantenalgorithmus besonders gut kann. Es wirkt nur so, als könne er die Zeit überbrücken.»

Die rätselhaften Quanten

Eins und null. Seit dem ersten Computer basierte das gesamte digitale Leben auf der binären Unterscheidung, mit der sich in elementarer Computersprache alles ausdrücken lässt. Mit der Anwendung der Quantenmechanik auf Rechner wird diese Grenze durchbrochen, denn statt eines Bits (1 oder 0) kann ein Qubit in Superposition existieren, also in mehreren Zuständen gleichzeitig – was parallele Berechnungen ermöglicht. Außerdem können Qubits miteinander korrelieren, völlig unabhängig von räumlicher Distanz – was Einstein dazu veranlasste, etwas despektierlich von einer «spukhaften Fernwirkung» zu sprechen, er konnte dieses unerklärliche Wunder der Quantenphysik kaum akzeptieren. Durch Interferenz können sich Quantenzustände gegenseitig verstärken oder auslöschen, was ebenfalls zur Problemlösung genutzt wird. Diese Prinzipien erklären die enorme Rechenleistung von Quantencomputern, für die es nicht unbedingt die auch aus der Stringtheorie bekannten weiteren Dimensionen braucht. Dennoch geben selbst Physiker zu, dass viele Details des Verhaltens von Quanten schwer intuitiv zu verstehen sind und den menschlichen Verstand an seine Grenzen treiben.

«Das ist die Erklärung von Materialisten innerhalb der Matrix», sagt Jonas. «Aber selbst Physiker gehen doch davon aus, dass die Zeit, wie wir sie wahrnehmen, mit Vergangenheit, Gegenwart und Zukunft, nur das ist, worauf wir mit unserer Wahrnehmung beschränkt sind. So wie wir ultraviolettes Licht oder Röntgen-Strahlung mit bloßem Auge nicht sehen können, sie aber trotzdem da ist. Alles, was war, und alles, was kommen wird, ist bereits gegeben, womöglich sogar in allen denkbaren Variationen. Guck, es gibt doch mittlerweile noch mehr Beweise, Philipp. Zum Beispiel, dass das Universum gepixelt ist.»

«Gepixelt?»

«Ja. Manche Physiker sagen, dass das Universum eine Art kleinste Grenze hat, wie Pixel auf einem Bildschirm. Hast du von der Planck-Länge gehört?»

«Vage.»

«Das ist die kleinste Entfernung, die in der Physik noch Sinn ergibt, etwa 10 hoch minus 35 Meter. Wenn du versuchst, etwas noch Kleineres zu messen, brechen die Gesetze der Physik zusammen. Manche denken, das könnte bedeuten, dass das Universum wie ein digitaler Raum aufgebaut ist, mit einer Art ‹Auflösung›. So, und was hat noch eine Auflösung? Computerspiele! Egal wie scharf die Grafik ist, irgendwann siehst du Pixel, wenn du nah genug rangehst. Wenn unser Universum auch so eine Grenze hat, könnte das ein Hinweis darauf sein, dass es programmiert wurde. Außerdem haben Physiker, die an der Stringtheorie arbeiten, im All mathematische Strukturen gefunden, die an Codes erinnern, wie sie in Computern verwendet werden.»

«Jonas, die Stringtheorie ist eine reine Kopfgeburt, überhaupt nicht bewiesen.»

«Das war das Higgs-Teilchen vierzig Jahre lang auch nicht, bevor im CERN die Sektkorken knallten. Und niemand, Philipp, niemand bestreitet außerdem, dass die wichtigsten Naturkonstanten so perfekt eingestellt sind, das, wären sie auch nur minimal anders, überhaupt gar nichts existieren würde und auch niemals entstanden wäre. Wie wahrscheinlich ist das, so ganz aus Zufall?»

Wenn ich ehrlich sein soll, mag ich diese Gespräche. Sie sind irgendwie verrückt, aber sie führen einen so viel weiter als die alltägliche Arbeit mit Excel-Tabellen, die einem Kunden zum Abtippen als schlecht geschossenes Foto zusenden, als die Datenrettung wegen falscher Synchronisation oder die Pflege von Servern, die bei allem Anspruch unseres Berufes mit ein bisschen Übung ja auch nicht viel mehr ist als eine Art digitaler Hausmeistertätigkeit.

«Du meinst also wirklich, es gibt einen großen Programmierer?», frage ich und greife als schwacher und kleiner Mensch an meine Hosentasche, ohne darin den Vapor vorzufinden. Statt also eine Ladung Brombeere mit Erdbeere in meinen irdischen Schädel zu pusten, atme ich eine gute Portion frischer Nachtluft ein.

«Auf jeden Fall», antwortet Jonas.

«Ich glaube, die Menschen nennen ihn Gott, oder?», antworte ich, während unsere Schritte auf dem Kies des Weges immer synchroner knirschen.

«Ja, und er will, dass wir ihn suchen.»

Kurz frage ich mich, ob die Redaktion des Lokalfernsehens auch solche Überlegungen ausstrahlen würde, doch ich glaube, die bleiben lieber bei der Form des Brunnens.

Rohan und die Rasselbande

Heute haben Wulf und ich eine Fortbildung vor uns. Wir haben solche Tage immer geliebt. Der blaue Himmel über der Autobahn, die lange nicht gehörte Musik in der Anlage, die riesigen Schnitzel an den verwunschenen Raststätten, die man kennen muss, um sie zu finden, nicht nur, weil ihre Toiletten immer noch kein Sanifair haben. Sogar Kerzen entzünden wir regelmäßig in den Autobahnkapellen des Landes, von denen einige unvergessliche Erlebnisse sind. Die Autobahnkirche Siegerland in Wilnsdorf zum Beispiel soll auf künstlerisch-abstrakte Weise die Piktogrammform einer Kirche darstellen, erinnert in ihrem strahlenden Weiß aber an einen großen Papierflieger, der hoch über der Landschaft gelandet ist. Aus Holz gebaut und auch innen mit OSB-Platten verkleidet, duftet sie unglaublich behaglich und verbreitet im Innenraum ein Licht, als stünde man in einer Honigwabe. Auf dem gigantischen, angrenzenden Parkplatz für die LKWs werden wir schnell wieder zu Jungs, die sich vorstellen, Trucker zu sein, über die endlosen Highways Europas zu fahren und sich an einem lauen Sommerabend in der Dämmerung mit etwas Wasser und Duschgel im Eimer unter freiem Himmel neben unserem Bock zu waschen, während ein paar muslimische Kollegen auf der ausgefahrenen Hebebühne die Gebetsteppiche ausrollen – ein Ritual, das wir bei echten Fahrern schon genau so beobachtet haben.

Fortbildung.

Obskure Hotelzimmer mit Badewannen und Einbauküchen oder Gasthöfe mit angeschlossener Gastronomie, in denen man nachts einfach in die unabgeschlossene Kneipe hinabsteigen und sich am Zapfhahn bedienen kann, als ehrliche Menschen selbstverständlich die Bezahlung hinterlassend. Tagsüber Konferenzräume in riesigen Glaskästen mit Blick auf einen grünen Waldrand, manchmal aber auch architektonische Siebzigerjahreverbrechen, belebte Lost Places, bei denen man sich immer fragt, wie viel Staub, Dreck und mysteriöse Lebewesen sich unter den nur lose auf den Rahmen gelegten Styroporplatten verbergen, die ein Meter unter der eigentlichen Decke aus Stahlbeton eingezogen sind. Witzige Kollegen aus allen Ecken des Landes. Manche, die man wiedererkennt, manche, die man in die Insider-Witze der Fortbildungserfahrenen erst einmal einweihen muss.

All das war einmal und ist leider vorbei, denn der heutige Weg zu unserer Fortbildung führt Wulf und mich lediglich aus unseren beiden Bürotüren hinaus, einmal kurz den Flur hinab und in den Konferenzraum hinein, wo wir uns der Einfachheit halber zu zweit um einen Laptop mit Zusatzkamera und vernünftigem Mikrofon platzieren, uns Kaffee und Kekse bereitstellen und uns tatsächlich erst eine Minute vor offiziellem Beginn in die Zoom-Konferenz einwählen, da der verlegene Small Talk in einem solchen Fenster, bevor es tatsächlich losgeht, meist das ist, was meine Kinder heutzutage als «cringe» bezeichnen.

Von Steuern und Gesetzen sagt man, dass sie auf ewig bleiben, wenn sie einmal eingeführt wurden, auch wenn beteuert wird, es sei nur vorübergehend zur Erfüllung eines ganz bestimmten Zweckes. Oder gibt es noch die kaiserliche Kriegsflotte, zu deren Finanzierung Kaiser Wilhelm II. die Sektsteuer einführte, die heute nach wie vor existiert und inzwischen Schaumweinsteuer heißt?

Als während der Corona-Pandemie die Fortbildungslehrgänge und die Fachkonferenzen ins Netz wanderten, dachten auch alle, dass die Zeiten der langen Anfahrten, der Autobahnkirchenbesuche, der Raucherpausen auf der Konferenzraumterrasse und der sicheren Einnahmen für Hotels und Gasthöfe wiederkehren werden, sobald die Gefahr gebannt ist. Doch in den meisten Fällen gilt für sie auch heute noch, was für die Schaumweinsteuer gilt.

«So», sagt der Dozent, der sich vorgenommen hat, den Anwesenden heute in nur drei Stunden alles Wichtige darüber beizubringen, was trotz Übung und Erfahrung bei der Einrichtung und dem Betrieb von IP-basierten Netzwerken mit TCP/IP, UDP, DHCP, DNS und weiteren Schlüsselprotokollen immer noch schiefgehen kann. «Ich glaube, dann sind wir alle beisammen.»

«Alle», das sind er, Dr. Christoph Fennemann, ein uns bislang unbekannter junger Kollege namens Julian Beckstein und Gabriele, die wir noch aus den Zeiten der realen Fortbildungslehrgänge kennen. Sie gehört zu den wenigen Frauen in unserer Branche, die, ähnlich wie Wulf und ich hier im Münsterland, als IT-Dienstleisterin in einem bayerischen Dorffleckenteppich tapfer die Servicefahne hochhält. Das fünfte Fenster stammt von einem Nutzer namens Rohan, der seine Kamera ausgeschaltet hat und sich somit, anders als der Dozent, wir beide, Gabriele und der Beckstein, nicht einmal winkend vorstellt. Nur ein kurzes, kaum als Wort zu identifizierendes Brummen aus dem dunklen, in großen weißen Buchstaben mit seinem Namen beschrifteten Nichts, lässt sich mit etwas Wohlwollen als «Hallo» interpretieren.

«Ihr wisst, wir haben heute eine Menge vor. Also möchte ich gar nicht viel Zeit verlie...»

Doktor Fennemann bringt das Wort «verlieren» nicht einmal zu Ende, als im Hintergrund die Tür aufspringt und ein kleiner, dunkelhaariger Junge unter großem Geschrei, verfolgt von einem blonden im gleichen Alter, durch den Hintergrund läuft. Offenbar befindet sich der mit großen Regalen voller Büchern, Ordnern und alter Softwarekartons ausgestattete Raum des Doktors in seinem Privathaus. Es sei denn, sein Unternehmen ist so fortschrittlich, dass es nicht nur eine Kita für die Angestellten unterhält, sondern diese Einrichtung auch noch mit offenen Türen und ohne Grenzen betreibt.

Die beiden Jungs belassen es nicht dabei, einmal durch das Bild zu laufen. Gleich viermal zischen sie während ihrer Verfolgungsjagd hinter dem großen Schreibtischstuhl unseres Dozenten hin und her. Der Blonde schwenkt dabei eifrig eine Spielzeugpistole und simuliert mit dem Mund Schussgeräusche. Entgegen allen physikalischen Wahrscheinlichkeiten weicht der Dunkelhaarige den Geschossen jedoch bislang erfolgreich aus. Ich muss an einen der interessantesten ersten Sätze der Literaturgeschichte denken, den Einstieg des insgesamt fünfbändigen Magnus Opus von Stephen King, *Der dunkle Turm*. Er lautet: «Der Mann in Schwarz floh durch die Wüste, und der Revolvermann folgte ihm.»

Eine Frau, noch blonder als der Junge mit der Waffe, stürzt im Hintergrund durch die Zimmertür herein, greift sich die Kinder und schiebt sie, mit einem entschuldigenden Blick über die Schulter ihres Mannes oder Chefs, zügig aus dem Zimmer wieder hinaus und zieht die Tür hinter sich zu.

«Entschuldigung», sagt Dr. Fennemann und räuspert sich, zupft mit Daumen und Zeigefinger seiner rechten Hand am Kragen seines zwei Knöpfe geöffneten Hemdes und steckt sich ganz kurz den linken Zeigefinger ins Ohr, bevor ihm selbst auffällt, dass diese Verlegenheitsgeste die Sache nun überhaupt nicht besser macht. Offensichtlich hat er die Selbstansicht eingeschaltet.

Wulf nimmt einen Schluck vom Kaffee, beißt in eine Schokotatze aus der großen Tüte mit der Gebäckmischung und ruckelt sich gemütlich im Gamingstuhl zurecht. Ich bleibe diszipliniert und gerade am Tisch sitzen, den Kugelschreiber lern- und notizbereit in der rechten Hand und das rote Notizbuch mit Werbeaufdruck unseres Partners Securepoint vor mir auf der Tischplatte.

«Also», setzt der Dozent neu an. «Wir alle haben schon erlebt, dass die Paketanalyse uns häufig vor Probl...»

Auch diesen Satz kann er nicht zu Ende bringen, denn ein Schrei des Entzückens begleitet den Augenblick, als die Rotgetigerte von Gabriele nicht nur mit einem großen Rums auf den bayerischen Schreibtisch springt, sondern auch noch samt süßer Nase und großen Augen ohne Umweg in die Laptop-Kamera schaut.

«Oh mein Gott, wie süß!», kiekst eine junge Frauenstimme, die nicht von Gabriele selbst stammt, sondern aus dem Fenster ohne Bild. Dabei sollte Rohan eigentlich ein aus dem Indischen stammender Männername sein. Oder eine Variante des schottischen Rowan. Ich hab's zwischendurch im Handy nachgeschaut.

«Entschuldigung», sagt Gabriele, krault ihre Katze ausgiebig an Ohren und Kinn und versenkt kurz das Gesicht in ihrem Fell, um dem Tier somit streng deutlich zu machen, wie wenig sie es schätzt, dass es immer ins Bild springt. «Fluse muss halt immer dabei sein», sagt Gabriele und hebt die Katze schließlich doch unter großem Ächzen aus dem Bild. Erst verschwinden die Pfoten am oberen Rand, dann huscht der ganze Katzenleib noch einmal von oben nach unten an der Kamera vorbei, als Gabriele das Tier absetzt. Im Chat erscheint der Kauflink zu einem neuen Katzenkalender, außerdem ein weiterer zu einer 5-Prozent-Rabattaktion mit Code beim Tierbedarfshändler Zooplus. Rohan hat diese URLs gepostet.

«Affiliate Marketing», murmelt Wulf Plätzchen schmatzend.

Affiliate Marketing

In der Zeit vor dem Internet veranstalteten Hausfrauen sogenannte Tupper-Partys, auf denen sie Behältnisse zum Aufbewahren und Einmachen von Lebensmitteln vorstellten, um sie ihren eigenen Freundinnen zu verkaufen. Es gab die «Avon-Beraterin», ebenfalls häufig eine gute Bekannte, die Kosmetikprodukte auf dem Küchentisch ausbreitete, oder den Kumpel, der einem aus heiterem Himmel eine Versicherung empfahl. All dies geschah, weil diese Menschen von den Unternehmen eine Provision erhielten, wenn sie dessen Produkte oder Dienstleistungen als freiberufliche Klinkenputzer-Armee verkauften. In der digitalen Welt stellen Unternehmen heute sogenannte Affiliate-Links zur Verfügung, welche die Affiliates – also die Klinkenputzer – auf allen möglichen Wegen verbreiten. Klickt jemand darauf und kauft das Produkt oder die Dienstleistung über genau diesen Link, bekommt der Affiliate eine Provision. Diese einfache Methode hat sich zu einem massenhaft genutzten Geldverdien-Strohhalm entwickelt, der sich natürlich nur dann lohnt, wenn man ein sehr reichweitenstarker Influencer oder Blogger ist, der Partnerschaften mit Unternehmen hat, die zu seinen Inhalten passen. Oder wenn man zu den Influencern gehört, die verzweifelten Menschen in Videos erklären, wie man angeblich im Netz ganz schnell Geld verdienen kann. Alle anderen streuen die Links planlos in jedem Zusammenhang, den sie finden können.

«Ich fange mal anders an.»

Der Dozent steht vom Schreibtisch auf, korrigiert den Kamerawinkel, verschiebt die Perspektive ein wenig nach rechts und steht nun ab dem Hosenbund aufwärts in einer digitalen Konferenz vor einem analogen Flipchart mit großen Papierbögen. Sollte er gleich darauf zu schreiben beginnen, statt mit uns einfach den Bildschirm zu teilen und uns die Inhalte direkt im Original zu vermitteln, dürften wir auf die Entfernung hin kaum etwas erkennen. Offenbar hat er es allerdings vor. Ohne zu zögern, schnappt er sich einen schwarzen Filzmarker aus der Ablage des Flipcharts und zieht die Kappe ab.

«Sagt doch bitte erst mal ihr, welche Probleme in den vergangenen Monaten in eurem Alltag in Sachen Protokolle und Konfiguration aufgetreten sind.»

Im Bildschirm von Gabriele erscheint die gelbe Hand, mit der erwachsene Menschen in Zoom-Konferenzen aufzeigen, bis der Lehrer sie drannimmt.

«Ja, Gabriele?»

«Bei mir war es meistens so, dass ...»

Ein paar Worte spricht sie noch nach dem «dass», aber sie sind nicht mehr richtig zu verstehen. Das Bild wackelt und hakt. Grobe, unregelmäßige, aber durchaus interessante Artefakte erscheinen, in denen sich Gabrieles Gesicht in Teilen doppelt. Ein Ohr hier, vier Augen dort. Es erinnert an Picasso. Die Worte wiederum klingen eher wie die Krachkunst von Gruppen wie den Einstürzenden Neubauten. Schließlich kommt die Verbindung ganz zum Erliegen, und wir sehen nur noch Gabriele als verzerrtes Kunstwerk des Kubismus ohne weitere Bewegung.

«Gabriele?», ruft Dr. Fennemann. «Gabriele, wahrscheinlich sprichst du gerade weiter, aber du bist eingefroren!»

Ich mache die erste Notiz dieses produktiven Fortbildungstages. Ein Strich hinter dem eben geäußerten Satz, den ich später im Flur auf unser Whiteboard mit der Rangliste der Phrasen übertragen werde. Es ist ja nicht so, dass nur Fortbildungen und Konferenzen weiterhin in Zoom oder Teams stattfinden. Auch zahllose Kundengespräche laufen inzwischen über die Software. *Du bist eingefroren* hält sich daher seit vielen Jahren auf Platz 22 der meistgeäußerten Sätze in unserem Berufsalltag, dicht gefolgt von *Du hörst uns noch, aber wir hören dich nicht mehr*, *Man hört nur noch die Hälfte* oder *Eben warst du weg.*

«Gabriele? Gabriele?»

Da der Dozent nicht von selbst auf die Idee kommt, beuge ich mich über die Tastatur und tippe in den Chat, dass sie sich bitte aus- und wieder neu einloggen soll. Derweil geht in Rohans dunklem Fenster wieder kurz das Mikro an.

«Jetzt lass doch mal!», faucht die junge Frauenstimme, die schon wieder ein bisschen anders klingt als die, die ob Gabrieles Katze gekiekst hat.

«Er weiß das doch nicht», antwortet ein Mann in tiefem Bass, bevor das Mikrofon sich wieder schließt. Nur beim Kollegen Beckstein ist eine Engelsgeduld zu beobachten. Noch fleißiger als ich sitzt er da, beide Arme auf den Schreibtisch gestützt, den Rücken gerade und exakt mittig im Bild platziert, lächelt unverdrossen und nickt alle paar Sekunden. Wenigstens befindet er sich wie wir ganz eindeutig in seinen Firmenräumen, denn Kampagnenposter für den Glasfaserausbau in DIN A2 hängt sich niemand freiwillig in die Wohnung. Seine Firma ist von erwiesener Fachkompetenz, das Design ihres Logos allerdings den Cliparts von Word 95 entstiegen. Der Dozent hat meinen Vorschlag gelesen und tippt nun ebenfalls in den Chat, dass wir einfach ein paar Minuten Pause machen. Gabriele deaktiviert ihre Kamera. Als Profilfoto hat sie zu unserer Überraschung nicht ihre Katze, sondern ein Foto des Biergartens im Münchner Flughafen eingestellt. Beckstein lässt trotz der Pause seine Kamera an und nickt auch weiterhin ab und zu.

Als es nach zehn Minuten weitergeht, hat sich der Bildschirm verändert. Zu unserer Freude hat Dr. Fennemann einen Geistesblitz gehabt und die Idee mit dem Flipchart verworfen. Nun teilt er bereits eine PowerPoint-Präsentation, die den ganzen Bildschirm einnimmt, während die Teilnehmerfenster als kleine Leiste an den rechten Rand verdrängt werden.

«Augenblick, bitte», sagt Dr. Fennemann. «Gabriele fehlt noch. Sie ist in der Pause rausgegangen und meint, sie kommt jetzt nicht mehr rein.» Wir hören ein Telefon brummen. «Ah, sie ruft mich an.»

Eine Stunde, denke ich. Mittlerweile ist eine weitere Stunde meines Lebens vergangen. Ich möchte wissen, wie viele wir überhaupt haben und wie viele mir noch bleiben, wenn wir mal davon ausgehen, dass ich 85 Jahre schaffe. Also zücke ich mein Handy, öffne ChatGPT und bitte die KI, die kleine Rechnung auszuführen. 412002 Stunden hatte ich schon und 333108 bleiben mir noch. Davon sieben Stunden Schlaf pro Nacht abgezogen, stehen unterm Strich 235951 Stunden. Eine davon beträgt also nur 0,00042 Prozent meiner verbleibenden Zeit auf Erden. Aber was heißt «nur». Es gibt viele Zoom-Calls und mit jedem werden die Nullen hinter dem Komma weniger.

Ein paar weitere Minuten vergehen, die Dr. Fennemann mit Small Talk über aktuelle Politik, Donald Trump und die Handballspiele seiner älteren Kinder überbrückt, bevor Gabriele wieder zu uns tritt. Diesmal hat sich der gesamte Stil ihrer Umgebung verwandelt. Sie sitzt in einer ausladenden Landhausküche mit weißem Holz und einer offenen Kochinsel im Hintergrund.

«Ich bin jetzt bei meinen Nachbarn», sagt sie, «aber keine Sorge, die sind nicht da.»

Niemand im Call weiß, wie auf diesen Satz zu reagieren ist.

«Ach so, ach so», Gabriele wedelt mit den Händen, «nein, nein, ich habe Schlüsselgewalt, während sie im Urlaub sind. Ich darf hier die Blumen gießen, die Post sortieren, ihr wisst schon. Und das WLAN nutzen, wenn es bei mir mal gar nicht will.»

«In meinem letzten Urlaub mit dem Wohnmobil nach Schweden hatten wir Starlink», sage ich, und es fällt mir auf, dass es das Erste ist, was ich in der heutigen Sitzung beitrage. «Absolut fantastisch. Ein so schnelles Netz habe ich noch nicht mal daheim in der Glasfaser. Und das aus der Luft! Nicht ganz billig, doch das wird sich mit jedem Nutzer mehr sicher einpendeln.»

Ich warte förmlich darauf, dass die Rohans den nächsten Affiliate-Link in den Chat schicken, aber zu Elon Musk haben sie offensichtlich keine Verbindung.

Starlink

Als Projekt von SpaceX garantiert Elon Musk mit Starlink schnelles Internet über Satellit, das in seinem Tempo und seiner Stabilität nicht mit den bekannten «mobilen Daten» per 5G oder LTE zu vergleichen ist. Das Starlink-Internet funktioniert mithilfe eines Netzwerks Tausender kleiner Satelliten, die in niedriger Erdumlaufbahn kreisen und dadurch jeweils eine direkte Verbindung zu einer speziellen Empfangsantenne herstellen. Als Kunde erhält man ein Starlink-Kit mit kleiner, flacher Satellitenschüssel, Modem und Verkabelung. Die Schüssel richtet sich automatisch in Richtung der jeweils nächstgelegenen Satelliten aus. Für spezielle Zwecke wie das Reisen im Wohnmobil gibt es besondere Tarife, sogar eine Rate ist möglich, die stabiles Netz während der Fahrt garantiert. Krisenregionen der Erde hilft Musk zudem spontan mit seinen Satelliten aus, sodass selbst über Gebieten mit zerstörter Infrastruktur schnell wieder Netzempfang möglich wird. Die Preise für private Endkunden sind zum Erscheinen dieses Buches noch recht hoch, werden aber mit der Menge der Nutzer sicherlich zügig sinken.

«In einer Viertelstunde müsste ich einmal kurz weg», verkündet Gabriele, die sich gerade erst im Haus ihrer Nachbarn eingenistet hat. «Ich lasse die Verbindung dann offen, damit nichts passieren kann.»

Für einen kurzen Moment glaube ich, trotz des sehr kleingeschalteten Teilnehmerbildschirms, im Gesicht unseres Dozenten den Blick eines sehr alten, sehr desillusionierten Lehrers zu sehen, fünfzig Jahre Gesamtschule in Duisburg und nur noch ein paar Wochen bis zur Rente. Wulf hat in der Zwischenzeit fast die gesamte Gebäckmischung gegessen, rund 1500 Kalorien. Immer noch die Arme verschränkt, ist sein Kopf langsam nach vorn gesunken.

«Das macht nichts, Gabriele», sagt Dr. Fennemann, «ich darf das Treffen zwar wegen der DSGVO nicht aufzeichnen, aber der AI-Compagnon schreibt ja mit und erstellt ein Protokoll. So, dann machen wir mal weiter.»

Dr. Fennemann öffnet die zweite Folie. Von der Überschrift her verspricht sie den ersten interessanten Inhalt des Tages. Er atmet tief ein und will endlich nach über einer Stunde mit der dreistündigen Konferenz beginnen, als im kleinen Teilnehmerbildschirm von Julian Beckstein das Bild einfriert und schließlich einfach verschwindet. Statt eines schwarzen Bildschirms sehen wir plötzlich, was der Mann gerade vor dem Computer tatsächlich treibt, während er ganz offenbar die ganze Zeit ein Video von sich selbst als nickendem und lächelndem Avatar eingespielt hatte. Sprachlos schauen Dr. Fennemann, Gabriele, Wulf, ich und all die Entitäten und Wesen, die sich in diesem Universum «Rohan» nennen, auf den splitternackten Julian Beckstein, wie er da vor seinem Rechner sitzt und persönlich offenbar etwas ganz anderes anschaut, den Mund erregt geöffnet, die Augen halb geschlossen, die Wangen errötet und die Brustwarzen mit zwei Nippelklemmen geschmückt, kurz vor dem Höhepunkt seines autoerotischen Fleißes.

Avatar-Apps für Online-Meetings

Zahlreiche Programme, deren Anbieter und Namen schnell wechseln, ermöglichen es, statt der eigenen Kamera einen animierten Avatar oder ein voraufgezeichnetes Video von sich selbst in Video-Meetings einzusetzen. Die Konferenzsoftware behandelt das Tool wie eine ganz normale Webcamera, vergleichbar den externen Protokollierungs-AIs, die sich ja auch wie echte Nutzer hinzuschalten. Ein Video von sich selbst oder einen Avatar einzusetzen, birgt neben dem menschlichen Risiko, schlichtweg von aufmerksamen Teilnehmern erwischt zu werden, auch das technische Risiko, dass die App abstürzt und die tatsächliche Webcam wieder den Blick auf den realen Teilnehmer freigibt. Da diese Tools viel CPU- und GPU-Power benötigen, sind sie auch ziemlich anfällig dafür abzustürzen, wie auch bei schlechtem Netz.

Meeting-Zusammenfassung für Fortbildungslehrgang Paketanalyse und Fehlerbehebung in Netzwerkprotokollen (22.07.2024)

Kurze Zusammenfassung

Die Teilnehmer tauschen sich über die schlechte Internetverbindung und die Aufenthaltsorte von Gabriele aus. Das Netzangebot von Starlink wurde als Lösung für Wohnmobilreisen vorgestellt. Dr. Fennemann äußerte seinen Unmut über den Wirtschaftsminister, den Bundeskanzler, die Außenministerin und den Digitalminister sowie über den US-Präsidenten. Austausch über Paketanalyse wurde geplant.

Nächste Schritte

• Alle Teilnehmer: auf Gabriele warten, die bald wiederkehrt.
• Alle Teilnehmer: aufmerksam bleiben, sobald über das Lehrgangsthema gesprochen wird und, so noch nicht geschehen, die Teilnahmegebühr überweisen.
• Julian: sich beim Arbeitgeber melden und seine individuelle Nutzungsweise des Bildungsgutscheins für den Lehrgang erklären.

Spukhafte Fernwirkung

Üblicherweise habe ich nicht allzu nah am Wasser gebaut. Und das ist eigentlich noch untertrieben. Mein Haus steht tief im Inland, meilenweit von der Küste entfernt, in einem von Bergen umringten Tal, durch welches nicht einmal ein Bach fließt. Jetzt aber stehe ich im Büro und merke, wie sich ein kleines Tränchen den Weg durch mein rechtes Auge bahnen will.

In den Fingern halte ich einen handgeschriebenen Brief von Frau Westerkamp, die sich in schönster Schreibschrift und garniert mit kleinen Zeichnungen von Herzchen, Katzenpfoten und Computermäusen bei mir dafür bedankt, dass auf ihrem Rechner nun tatsächlich all die alten Spiele laufen. Aus jedem Wort springt mich die kindliche Freude darüber förmlich an, und überhaupt macht es etwas mit mir, das erste Mal seit sicher zwei Jahrzehnten einen handgeschriebenen Brief von einem Menschen bekommen zu haben. Tagtäglich beherrschen wir die «EDV», wie es die älteren westfälischen Unternehmer immer noch nennen, aber die emotionale Datenverarbeitung haben wir alle weitestgehend verlernt.

Als ich von dem Brief aufblicke, steht eine Kundin vor mir. Wie schaffen die Menschen es in letzter Zeit, sich ständig unbemerkt anzuschleichen? Oder hat Jonas womöglich doch recht und sie materialisieren sich einfach in diesem Augenblick, werden als Spielfiguren in meinen aktuellen Lebenslevel gepackt?

«Brandt», sagt die Frau mit den braunen Locken, den weichen Gesichtszügen und der großen Hornbrille, die eher etwas Drolliges als etwas Strenges hat. «Zunächst einmal möchte ich mich bei Ihnen bedanken.»

«Wofür?», frage ich.

«Dass Sie sich so gut um meinen Sohn kümmern.»

Einen Augenblick überlege ich, welche Kinder außer meinen eigenen ich womöglich unbemerkt betreue, als mir klar wird, von wem sie spricht.

«Sie sind die Mutter von Jonas!»

«Er redet nur in den höchsten Tönen von Ihnen. Wissen Sie, ganz ehrlich, wenn er diesen Anlaufpunkt hier nicht hätte, ich weiß nicht, in welchen Kreisen er sich dann bewegen würde.»

Schmeichelt mir diese Aussage oder sollte ich mir Sorgen machen?

«Aber ich bin, glaube ich, selbst schuld», sagt Frau Brandt, verlässt mein Büro und geht zielstrebig in den Konferenzraum, als hätten wir diesen Ablauf schon mehrfach geprobt.

«Jonas' Vater und ich, wissen Sie, das, nun ja, das ist viel zu früh auseinandergegangen. Wir hätten uns ein bisschen am Riemen reißen sollen, bis der Junge aus dem Gröbsten raus ist. Aber das ist nicht der Grund, weswegen ich zu Ihnen komme, sondern ...»

Sie zieht einen Laptop aus dem Rucksack, den sie soeben von ihrer Schulter genommen hat und der mir bislang überhaupt nicht aufgefallen war. Vielleicht ebenfalls, weil das Programm ihn erst jetzt generiert hat.

«Mein Problem, Herr Spielbusch – meine gesamte Post ist weg!»

Ich setze mich zu ihr, rolle mit dem Gamingstuhl näher heran und schaue auf den soeben von ihr entsperrten Bildschirm. Der Laptop scheint sehr neu, oder Frau Brandt gehört zu den wenigen Menschen, die Bildschirm, Gehäuse und Tastatur wirklich jeden Tag mit den richtigen Reinigungsmitteln pflegen und das Innere regelmäßig mit der kleinen Druckluftdose für den Hausgebrauch durchpusten. Mit schnellen, zielstrebigen Klicks öffnet Frau Brandt ihr Mailprogramm und zeigt mir einen leergefegten Posteingang.

«Was ist das?», frage ich.

«17253 Nachrichten befanden sich darin, Herr Spielbusch. Ich weiß», sie hebt die Hand, «das ist viel zu viel. Das ist mir völlig bewusst. Ohnehin war der Computer zu voll, deswegen habe ich ihn ja auch neu eingerichtet. Alles frisch installiert, auch das Mailprogramm. Ich habe mich wieder in meinen Postfächern angemeldet und natürlich erwartet, dass alles wieder so aussieht wie vorher. Die Verbindung. Funktioniert. Auch das Einloggen, aber ich sehe meine 17253 Nachrichten nicht, die ich auf einem frischen Computer endlich einmal in Ruhe abarbeiten wollte, sondern bloß ein blankes Feld. Gut, denke ich, dann sind sie womöglich noch auf dem Mail-Server selbst, logge mich online ein und falle förmlich vom Stuhl, als auch dort nichts mehr zu finden ist.»

Ich höre mir die Schilderungen von Jonas' Mutter an und ahne langsam, woher der Junge trotz aller Fantasie und teils fehlgeleiteter Neugier seinen durchaus schnell getakteten Verstand hat. Leider ahne ich auch, was an dieser Stelle passiert ist. Da Frau Brandt sich für technisches Verständnis offen zeigt, gehe ich nicht den behutsamen Weg, auf dem man Erwachsenen üblicherweise die IT-Zusammenhänge auf dem Level von Pixi-Büchern erklärt, sondern öffne direkt die Einstellungen ihres Postfachs und tippe mit dem Finger auf das böse, böse Wort IMAP.

«Sehen Sie das hier? Das sind keine POP3-Postfächer, sondern IMAP.»

«Ja, das weiß ich.»

«Und was waren sie vorher?»

«Wie? Was?»

«Auch IMAP? Oder POP3?»

Die Frage überfordert Frau Brandt dann doch. Dabei rührt sie an ein wichtiges Problem, das schon viel digitale Post hat über den Jordan gehen lassen.

«Ich lehne mich mal aus dem Fenster», fahre ich fort, «und behaupte: das war vorher POP3. Das heißt, vorher haben Sie all Ihre Mails tatsächlich vom Mailserver auf Ihren Rechner gezogen. Die Post war dann nicht mehr dort, sondern bei Ihnen. Und nur bei Ihnen. Synchronisieren Sie einen neuen Rechner, auf dem diese Mails nicht sind, jetzt per IMAP mit dem Mailserver, kann er von dort nichts holen.»

IMAP

Läuft ein E-Mail-Dienst, der die Post zwischen dem Mail-Server selbst und dem E-Mail-Programm (wie Outlook oder Thunderbird) organisiert, mittels POP3, «zieht» das Programm die Nachrichten tatsächlich vom Server auf den lokalen Rechner. Bei IMAP hingegen werden E-Mails zwischen dem Mail-Server und allen verbundenen Geräten synchronisiert. Die Mails bleiben auf dem Server gespeichert, was den Sinn hat, dass man von überall und mit jedem Gerät auf sie zugreifen kann. Nur bei Bedarf werden sie vom Server abgerufen. Server und Mailprogramm synchronisieren sich und sind gemeinsam auf dem aktuellen Stand. Das Problem: Alle Mails, die nur lokal auf einem Gerät gespeichert sind (weil sie noch über POP3 liefen), aber – zum Beispiel beim Umzug auf ein anderes Gerät – nicht wieder zuvor bewusst auf den Server hochgeladen werden, sind für IMAP natürlich überhaupt nicht existent. Bevor man sich also ein neues Gerät einrichtet, ist dringend ein Backup der E-Mails zu erstellen und bei POP3-Konten das ganze Konvolut entweder per Hand auf den Mail-Server hochzuladen oder manuell auf das neue Gerät zu übertragen. Um Verluste zu meiden, ist es ratsam, mittels spezieller Backup-Programme wie MailStore (das sogar komplett rechtssicher archiviert) die Post regelmäßig in lokale Ordner oder Archivdateien zu sichern.

Frau Brandt sieht mich an, wie nur wenige Kunden mich ansehen, die nicht selbst beruflich mit Computern zu tun haben. Sie ist empört. Ja, das sind alle Kunden. Immer. Aber sie ist empört, weil sie *begriffen* hat, was ich gesagt habe.

«Was ist das denn bitte für eine bescheuerte Funktion?»

«Das ist eine praktische Funktion», sage ich. «Klar, beim Umzug von POP3 kann es schlimm enden, aber an sich ...»

«Nein, auch so ist es unheimlich! Sie sagen mir doch im Grunde, mit IMAP ziehe ich die Post gar nicht mehr zu mir, sondern agiere auf meinem Computer mit einer Art Geisterkopie davon. Das ist ja so, als würde ich meine Post absichtlich nicht zu Hause empfangen, sondern nur in einem Postfachschrank, der auf magische Weise mit meiner Kommode daheim verbunden ist. Ich kann über die Kommode die Post lesen, habe sie aber nicht wirklich in der Hand, und wenn ich nicht daran denke, sie aufwendig abzuholen, physisch zu kopieren und in besondere Tresore einzulagern, dann löst sie sich im Postfachschrank in genau die leere Luft auf, die in meiner Kommode sowieso herrschte, weil ich darin nur diese Geisterkopien gelesen habe.»

Ich nicke. «Ja, so könnte man es beschreiben. Aber wenn vorher die mit echter Post gefüllte Kommode samt der Post auf dem Sperrmüll gelandet ist, waren die Briefe eben ganz weg.»

Frau Brandt stützt ihr Kinn in die Handfläche und schaut nach links oben an die Zimmerdicke, an der sich erneut ein Weberknecht platziert hat. Langsam glaube ich, dass die Viecher Spaß daran haben, immer wieder von Beate hinausgebracht zu werden und extra wieder hineinkommen, weil die Tour im Glas für sie eine Art Fahrgeschäft darstellt.

«Das ist im Grunde wie bei der spukhaften Fernwirkung. In der Physik. Zwei miteinander verschränkte Quantenteilchen, die sich an völlig verschiedenen Orten befinden, ändern gleichzeitig ihre Spin-Richtung.»

Mit jedem Satz wird Jonas' Mutter mehr zu Jonas' Mutter. Doch was mich noch mehr überrascht, ist, dass sich nun ein Lächeln den Weg in ihr Gesicht bahnt. Das Lächeln steigert sich, im Raum geht eine Indoor-Sonne auf und Frau Brandt verfällt in lautes, erfrischendes Gelächter. Ich lasse es zu, lache mit, lasse mich anstecken, Tränen der Rührung fallen mir schwer, aber mich wegschmeißen, wenn andere mit dem Lachen anfangen, konnte ich schon immer gut. Ein, zwei Minuten gibbeln wir, bis uns die Bauchmuskeln schmerzen und Lachtränen aus unseren Augen fließen, bevor ich sie atemlos frage, was daran so lustig sei.

«Sie sind weg, Herr Spielbusch. Die 17253 Mails, sie sind wirklich endgültig verschwunden. Ist das nicht toll?»

«Toll?»

«Ja! Wissen Sie, wie lange ich daran gesessen hätte, diesen Mist abzuarbeiten, der sich über Jahre angesammelt hat? Locker sechs- bis siebentausend Spam-Mails zu löschen, dabei aber auch daran zu denken, mich aus den ganzen Newslettern auszutragen? Verwandten, Bekannten und Freunden auf Anfragen zu antworten, die teils vor über einem Jahr reingekommen sind, weil man ja doch den inneren Antrieb hat: Jetzt zeige ich mich zuverlässig und reagiere, egal wie spät? Kunden zu schreiben, dass man ihre Nachricht vor einem Dreivierteljahr durchaus bekommen hat, aber erst jetzt die Gelegenheit dazu findet, einen Kostenvoranschlag zu machen? Das ist alles nicht mehr nötig, Herr Spielbusch! Tage und Wochen meiner kostbaren Lebenszeit, ich habe sie soeben zurückgewonnen.»

«So kann man es auch betrachten», sage ich und denke an meinen regelmäßigen Tagtraum, einfach im Wald zu verschwinden, von der Landstraße abzubiegen und einen magischen Zeitkokon zu finden, in dem alles einmal für einige Wochen auf Pause oder gar auf null steht. Und an die knapp 236000 Stunden Restlebenszeit.

«Ein echter Neuanfang», sagt Frau Brandt, klappt ihren Laptop zu, steckt ihn in den Rucksack, springt aus dem Stuhl auf und gibt mir tatsächlich ein Küsschen auf die Wange.

«Ich danke Ihnen!»

Wenig später betrete ich die Buchhaltung, schiebe die grünen Pflanzenarme beiseite und schaue Jonas' Mutter nach, wie sie unten auf der Straße in ihren Kia Picanto steigt und beschwingt davonfährt.

Jutta hat derweil einen Kunden in der Leitung, der, wie so viele andere, durch den Zwang zur E-Rechnung in Panik versetzt worden ist.

«Nein, Sie müssen sich keine Gedanken machen, wenn es eine gewisse Zeit dauert, bis sie alles umgestellt haben. Diese Kulanz haben selbst die Ämter. Aber ja, irgendwann muss es geschehen. Es gibt keinen Weg daran vorbei. Sie wissen doch, Politik ist alternativlos.»

Mein Blick folgt dem davonfahrenden Kia. In der Stichstraße stehen die Arbeiter zusammen, plaudern und rauchen echte Zigaretten. Der Mann, der mir am Ende doch Trinkgeld für die Rettung seines Handysignals gab, zeigt seinen Kollegen etwas auf seinem Gerät.

«Ja, ganz genau. ZUGFeRD. So heißt das Datenformat. Alles groß, kleines e. Steht für Zentraler User Guide des Forums elektronische Rechnung Deutschland. Ja, entschuldigen Sie, ich habe den Namen nicht erfunden. Nein, ich glaube nicht, dass die in Brüssel sich das ausgedacht haben, nur um Sie persönlich zu verarschen. Ja, ich verstehe. Wissen Sie was? Ich gebe an der VHS in Lüdinghausen in zwei Wochen wieder einen Kurs zum Thema. Wenn Sie mögen, kommen Sie doch einfach dort vorbei. Es kostet nicht die Welt und es ist viel einfacher, in Ruhe einen ganzen Tag lang mit anderen zu lernen, als das hier am Telefon zwischen Tür und Angel zu klären. Ja, danke Ihnen. Bis dann.»

Jutta legt auf und pustet Luft aus, als hätte sie mindestens den Fünf-Kilometer-Volkslauf rund um das Schloss Westerwinkel hinter sich.

«Hast du das gerade mitbekommen?», frage ich sie. «Das war die Mutter von Jonas. Hat nicht nur alles kapiert, was ich sage, sondern die Unumkehrbarkeit des Geschehens sogar akzeptiert. Mit Küsschen. Auf die Wange.»

In gespieltem Entsetzen haut sie mir auf den Unterarm.

«Was? Ich hab's dir extra erzählt.»

Sie lacht.

«Du hast Glück, Philipp. Mit Kunden, die es schnell kapieren, meine ich. Nicht mit den Küsschen, dafür gibt's später noch auf den Popo.»

Ich dränge meine Vorfreude zur Seite und sage: «Und du, mein Schatz, könntest, statt jedes Mal persönlich zur VHS zu stiefeln, einen Online-Kurs aufnehmen und den immer wieder zu einem Festpreis verkaufen. Pack ihn auf eine Plattform wie Udemy oder mache ihn teurer und bewirb ihn durch einen Funnel, auf Instagram und auf LinkedIn, und du wirst sehen, du machst im Monat ein paar Hundert Euro mehr aus passivem Einkommen.»

Jutta sieht mich an, als wäre ich als Partner zwar eine riskante Investition, als Chef aber der beste der Welt. Wer bringt seine Angestellten sonst auf Ideen, die ihnen im Optimalfall ihren Job obsolet machen?

Webinare erstellen und anbieten

Jeder von uns hat spezifisches Wissen, doch die wenigsten machen es vollständig nutzbar. Mit einem relativ einfachen technischen Aufbau aus guter Kamera, Mikrofon und Schnittprogramm – was heutzutage alles bezahlbar zu haben ist – kann jeder einen Kurs zu Themen aufzeichnen, in denen er oder sie sich auskennt. Manche Themen wie Ernährung und Gesundheit, Geldverdienen, Workout, Alltagspsychologie oder die Anleitung zu Steuerfragen, zum Programmieren oder zum Produzieren ebensolcher Videos selbst sind Dauerbrenner. Bei anderen gilt es, die Gunst der Stunde zu nutzen und sie zu besetzen, solange die Konkurrenz noch klein ist und Tausende von Menschen wie aufgescheuchte Hühner auf der Suche nach einer Anleitung durch die Gegend laufen. Die meist als Videoreihe plus Zusatzmaterial in PDF-Form hergestellten Kurse kann man dann entweder über Infrastrukturen wie Elopage selber vermarkten oder auf Plattformen wie Udemy, Teachable oder Skillshare stellen. Dort muss man die Kurse zwar sehr niedrigpreisig anbieten, verdient aber über die Masse, da man automatisch Millionen Nutzer erreicht.

«Das mit Opus hat übrigens hervorragend funktioniert», sagt Jutta. «Ich fuchse mich gerade da rein. Bald wird Becca einen wunderbaren Kanal haben.»

«Das freut mich.»

Juttas Telefon klingelt, schon während des ersten Läutens nimmt sie ab. «Philipp Spielbusch Computer, Jutta Koch, was kann ich für Sie tun? Herr Grütering, schön, mal wieder von Ihnen zu hören. Haben Sie auch Probleme mit der E-Rechnung? Was? Ach, Sie wollten den Spielbusch persönlich sprechen? Ja, Sie sind bei mir rausgekommen. Augenblick, er steht gerade neben mir.»

Sie reicht mir den Hörer. Mit einer Szene, in der Gottfried Grütering vorkommt, habe ich damals mein erstes Buch begonnen. Durch die Panik der letzten Jahre geht es seinem lokalen Imperium für Brennholz und Heizöl immer besser. Früher hat er in seinem Ladenlokal nebenher auch Gartenwerkzeug, Tierfutter, Kleintierstreu und allerlei gemischte Waren verkauft, die man hier auf dem Land auch bei den Raiffeisenmärkten bekommt. Mittlerweile hat er all diesen Ballast abgeworfen und verkauft ausschließlich Brennmaterial. Holzpellets, große Barren aus gepresstem Holz, klassische Kaminscheite und sogar immer noch diese völlig unzeitgemäßen gepressten Kohlestücke, die beim Verfeuern im Hauskamin einen unglaublichen Gestank veranstalten. Anzündwolle, lange Streichhölzer und über die kleine gewerbliche Tankstelle vor seinem Haus Heizöl und Diesel. Trotz der zahllosen, jahrzehntelang eingefahrenen Gewohnheiten hat sich bei ihm im vergangenen Jahr jedoch eine kleine Revolution ereignet: Nach über dreißig Jahren hat er sein Büro, das bislang immer bloß einen Steinwurf entfernt im Keller des privaten Wohnhauses beheimatet war, tatsächlich in das Firmengebäude selbst verlegt.

«Herr Spielbusch, ich komme nicht mehr rein.»

«Wo rein?»

«Na, ins System. In mein eigenes System. Sagen Sie mir doch bitte eben mein Passwort.»

«*Ich* soll Ihnen *Ihr* Passwort sagen?»

«Ja, natürlich. Das kennen Sie doch oder etwa nicht?»

Die Antwort gebe ich in diesem seltsam lang gezogenen Tonfall, bei dem man das N auswalzt wie ein Kaugummi unter der Planierwalze, um dadurch zu betonen, wie hanebüchen die Unterstellung des Gegenübers ist.

«Nnnnein, das kenne ich natürlich nicht.»

«Aber Herr Spielbusch, erzählen Sie mir doch nichts. Sie haben doch mein System eingerichtet.»

«Ja, Herr Grütering, das habe ich. Und wissen Sie noch, was damals am Ende meines Buches geschah? Ich meine an jenem Tag, an dem die Polizei kommen musste, weil jemand sich in den offen herumstehenden Rechner Ihres Landmarktes eingeloggt hatte?»

«Ja, da hatte mein Azubi Scheiße gebaut und als Passwort *12345* eingegeben.»

«Richtig. Und Sie haben ihm die Ohren lang gezogen und erklärt, wie man es richtig macht, indem man einfach das eigene Geburtsdatum als Passwort benutzt. Daraufhin habe ich Ihnen die Ohren lang gezogen und wir haben was getan?»

«Ein neues Passwort für mich eingerichtet.»

«Richtig. Und wer hat das getan?»

«Sie.»

«Nein, Sie! Es ist mir gar nicht erlaubt, Ihr Passwort zu bestimmen und zu kennen.»

Einen Moment lang schweigt Herr Grütering. Kürzlich hat er dem lokalen Fußballverein, den er mittlerweile nicht nur auf der Bande, sondern auch auf dem Trikot sponsert, wieder 50000 Euro zum Kauf neuer Spieler zugeschoben, aber nur unter der Bedingung, dass sie seine Wunschliste der Sportler genauso abarbeiten, wie ich Frau Westerkamps alten Spiele wieder auf den Rechner installierte.

«Das heißt also, wenn ich mein Passwort nicht mehr weiß, ist mein System verloren?»

«Das heißt es fast», antworte ich. «Es wird dann doch ein bisschen aufwendig, es wieder für Sie freizubekommen.»

«Gut, wird sowieso Zeit, dass Sie sich mal wieder blicken lassen.»

Ich seufze, aber nur so halb, denn da Gottfried Grütering nicht zu denen gehört, die Fernwartung installiert haben, aber trotzdem wollen, dass ich vorbeikomme, sondern zu denen, bei denen ich bis heute von vornherein immer nur vor Ort arbeiten darf, fallen grundsätzlich bei seinen Anliegen mehr Stundensätze an. Vor allem, weil unsere dienstlichen Begegnungen sich dann mit Small Talk über das Dorfgeschehen, den Schützenverein und den verfluchten Vorstand des Fußballklubs, der von seinen acht Spielerwünschen nur sieben erfüllt hat, in die Länge ziehen.

«Gut», sage ich, «ich kann morgen vorbeikommen, aber nur unter einer Bedingung.»

«Und die wäre?»

«Dass Sie das Passwort, dass Sie sich dann ausdenken, in meiner Gegenwart in einem Buch notieren oder auf einem Blatt Papier. Ich gucke nicht hin, ich will nur den Stift kratzen hören. Dann verwahren Sie das irgendwo sicher.»

«Gut, ich packe es in meinen Tresor.»

«Dann müssen Sie aber auch die Kombination für den Tresor notieren und irgendwo sicher verwahren.»

«Das habe ich schon getan», sagt er. «In meinem Bankschließfach.»

Beruhigt dadurch, dass die Kette endloser Notizen, die zu Notizen führen, um Notizen zu finden, bereits in der örtlichen Sparkasse endet, lege ich auf und freue mich auf den Feierabend mit meiner Süßen und die Bestrafung für den Wangenkuss.

Das IT-Girl

In vielerlei Hinsicht sind Computer wie Menschen. Manchmal erkranken sie an Geist oder Körper und dann muss man ran, die Software reparieren oder Teile austauschen, sofern sie überhaupt noch zu bekommen sind. Manchmal allerdings, da ist nichts kaputt im eigentlichen Sinne des Wortes, sondern es ist einfach alles nur etwas zu viel geworden.

«Er ist gerade mal ein Jahr jung», sagt der Kunde, der sich nur als Parham vorgestellt hat. Ein attraktiver junger Mann Mitte 20, so glatt rasiert wie ich früher zur Zeit des ersten Buches. Heute erkennen mich die Leute auf den frischen Fotos mit Rauschebart für die Presse und die Unternehmens-Homepage kaum wieder.

«Ja gut, er war recht günstig, aber für ein Jahr ist das doch nicht normal, oder?»

Ich nicke und bestätige damit beide Aussagen. Recht günstig war das Gerät auf jeden Fall. Man sieht es ihm nicht an, aber es gehört zur Klasse der Laptops, die man bereits unter 400 Euro erstehen kann und die trotzdem für den Alltagsgebrauch taugen. Der Hersteller wirbt vollmundig damit, sogar Militärtechnologie zu verbauen, was die Stabilität des Gehäuses angeht, oder wenigstens von dieser inspiriert zu sein. Innerlich überfordert Parham das Gerät auch nicht, indem er darauf etwa brandneue Computerspiele zu zocken versuchte, die mittlerweile Rechen- und Speicherkapazitäten benötigen, mit denen wir den Mars besiedeln und die Venus urbar machen könnten. Er benutzt es hauptsächlich für sein Medizinstudium, für das Verfassen von Seminararbeiten und die Recherche, bei der im ersten Schritt nicht mal mehr Google, sondern direkt Perplexity zum Einsatz kommt, eine KI, die immer stets brandaktuell mit dem Internet verbunden ist und einem bei der richtigen Eingabe der Frage nicht bloß Ergebnisse ausspuckt, sondern Kontexte begreift und direkt kleine Artikel formuliert. All das kostet nicht viel Rechenleistung, denn es passiert in der Cloud und auch sonst kann ich auf seinem Rechner sonst kaum Software finden, die dafür bekannt ist, Energie und Speicher zu fressen. Trotzdem verhält sich das Gerät wie ein Notarzt im 45. Berufsjahr, der bereits alles gesehen und Tausende von Nachtschichten hinter sich gebracht hat. Vier Scheidungen, fünf Kinder, unüberschaubare Alimente und das alles seit 15 Jahren nur noch ertragen durch Cognac, Whisky und viel zu viel kross angebratenes rotes Fleisch.

Ich öffne den Task-Manager und schaue mir an, wie ausgelastet der RAM-Speicher ist und welche Prozesse laufen. Es sind Hunderte, viele davon aus längst geschlossenen Programmen, die trotzdem Speicher blockieren. In den Ordnern für temporäre Dateien hat sich mehr ungelöschter Unrat abgelagert als auf den brennenden Müllhalden mancher afrikanischer Länder, denen wir schiffeweise «recyceltes» Material zum Ausschlachten schicken, um uns weiterhin sauber zu fühlen. Unzählige, nicht ausgeführte Updates sind ausstehend. In mir steigt ein Verdacht auf, was los ist, und ich bestätige ihn, indem ich durch einen kleinen Befehl in der Eingabeaufforderung die Uptime prüfe, also die Zeit, wann das System zum letzten Mal neu gestartet wurde. Sie liegt mehrere Monate zurück.

«Eine Frage, Herr ...»

«Parham, wie gesagt, einfach Parham.»

«Parham. Wann haben Sie den das letzte Mal runtergefahren und neu gestartet? Also nicht Energiesparen und Standby, sondern richtig aus?»

Parham sieht mich erstaunt an, kratzt sich am Ohr, ahnt womöglich Böses und antwortet: «Silvester.»

Ich schaue nach draußen, wo Spätsommer und Frühherbst sich langsam die Hände reichen.

«Das Ding läuft seit über neun Monaten durch?»

«Ja.»

«Wieso, Parham? Wieso???»

«Na, weil *sie* es gesagt hat.»

«Wer?»

«Gina Gigabyte, das IT-Girl.»

«Das IT-Girl?»

«Ja, sicher. Kennen Sie sie etwa nicht? Sie ist die erfolgreichste Influencerin in technischen Fragen, quasi die MaiLab für Computer und Smartphones. Knapp 350000 Follower. Ich habe mir schon viele Tipps von ihr geholt.»

«Ich öffne den Browser auf meinem Computer, gehe auf YouTube und tippe IT-Girl ein. Erst jetzt bemerke ich den Wortwitz, der in diesem Künstlernamen steckt. Es ist zwar eine Weile her, dass sich junge Frauen mit sehr viel Geld und großer Prominenz bei gleichzeitiger Abwesenheit jeden ernst zu nehmenden Berufes lukrative Sponsoringverträge fürs hibbelige Nichtstun sichern konnten und sich It-Girls nannten, aber das macht die Pointe nicht schlechter. Tatsächlich öffnet sich vor meinen erstaunten Augen ein Kanal, auf dem bereits über 145 Videos eingestellt sind. Die Vorschaubilder sind hervorragend gestaltet. Bunt und knallig, ohne zu überladen zu sein. Über einem Screenshot des Videos, auf dem die Mitdreißigerin mit langen und glatten schwarzen Haaren, Grübchen und Stupsnase Grimassen zieht, steht jeweils in auffälliger Cartoon-Schrift das Thema des Videos. Mal ist es als Aufruf gestaltet, mal als Versprechen, mal als Selbstexperiment.

Windows 11 – wann steigst du um?
Wurm drin? So kriegst du deine Tasten sauber!
10 Wochen Linux – bin ich noch bei Verstand?

Ich scrolle eine Weile nach unten, bis ich ein Video finde, das mit dem Ratschlag *Niemals ausschalten!* überschrieben ist. Ich klicke darauf. In ihrem Studio, das mit allerlei Hardware, Grünpflanzen und Postern von Action- und Science-Fiction-Filmen mit ausschließlich weiblichen Heldinnen in der Hauptrolle gespickt ist, sitzt das IT-Girl und spricht so aufgeregt wie gut artikuliert ihren Text in die 4K-HD-Kamera.

«Ihr Lieben, ich weiß, wir Menschen müssen jeden Tag einmal schlafen gehen. Da führt leider kein Weg dran vorbei. Aber ihr wisst doch, wie ihr euch fühlt, wenn der Wecker klingelt und ihr aufstehen müsst. Springt ihr dann sofort freudig und fit aus dem Bett? Seid ihr auf der Stelle geistig klar und voll da? Voll leistungsfähig? Nein, ihr seid müde, zerschlagen und fix und fertig. Ihr gähnt so stark, dass der Kiefer knackt. Braucht erst mal euren Kaffee. Eine gute Dusche. Ein kleines Workout. Eine Morgenmeditation oder vielleicht einen Spaziergang. Ihr braucht eure Routine, und die Routine braucht ihre Zeit. Für uns Menschen ist das vollkommen okay. Aber für unsere Computer oder unsere Smartphones ist es nicht so einfach.»

Sie hebt die Hand und wedelt mit dem grazilen langen Finger. «Nee, nee, nee.»

Im weiteren Verlauf des Clips, der die ganze Zeit mit leiser, aber deutlich zu vernehmender Musik unterlegt ist, erläutert die Influencerin, wieso wir uns sehr viel Lebenszeit sparen können, wenn wir die Geräte einfach immer anlassen. Sie hat sogar von der KI ein paar Animationen anfertigen lassen, wie ein Laptop und ein Handy morgens schlaftrunken herumtorkeln und ewig brauchen, um hochzufahren, während die, die immer wach geblieben sind, bereits draußen im Cabrio vorbeisausen. Beeindruckend, rein handwerklich betrachtet, aber fachlich natürlich so, als ob ein Arzt empfehlen würde, die Ernährung komplett auf Schokolade umzustellen, um rund um die Uhr voll schnell verfügbarer Energie zu bleiben.

Ich stoppe das Video und schaue Parham an, diesen wohlrasierten, fleißigen Studenten der Medizin, der in meinem Fachgebiet einem IT-Girl glaubt.

Rechner müssen schlafen

Von den verstopften Ordnern und Caches, den niemals ausgeführten Updates und der rein physikalischen Belastung einmal abgesehen, sollten Rechner auch deshalb regelmäßig richtig heruntergefahren und ausgeschaltet werden, weil nur das alle Daten aus dem Speicher löscht. Das ist wichtig, weil somit auch gespeicherte oder bloß zwischengespeicherter Daten entfernt werden, die fehlerhaften Code enthalten können. Der aktuelle Softwarestatus einschließlich aller aufgetretenen Probleme wird gelöscht, und der PC kann frisch wieder von vorn beginnen. Dieser Vorgang ist durchaus vergleichbar mit dem Effekt des Schlafes beim Menschen, der das Gehirn nicht nur inhaltlich sortiert, sondern auch Stoffwechselprodukte abbaut, die sich nicht anstauen sollten. Darüber hinaus fand der Physiker und Neurowissenschaftler Garrett T. Kenyon vom Los Alamos National Laboratory heraus, dass eine spezielle KI, welche er und seine Leute entwickelt hatten, in der Datenverarbeitung und Mustererkennung schlechter wurde, wenn sie pausenlos lief. Sie versetzten das System in einen Zustand, der Wellen ähnelt, die unsere Gehirne während des Schlafs erfahren – und konnten das System dadurch wieder stabilisieren.

«Auf den ersten Blick klang es plausibel», sagt Parham leise mit Blick auf das IT-Girl in meinem Rechner.

«Mich deucht», antworte ich, «dass sie ihre Videos, ich sag mal so, in unterschiedlichem Grad ernst meint.»

Die kleine Scham, die sich in die kantigen Züge des jungen Mannes mischt, lässt das bisschen Wut auf seine eigene Doofheit in der Sache schnell verfliegen. Besorgt schaut er seinen Rechner an, den Patienten und mich, seinen Arzt.

«Können Sie ihn retten?»

«Ja, aber es dauert ein bisschen», sage ich und füge lachend hinzu: «Nehmen Sie derweil im Wartezimmer Platz.»

In den nächsten zwei Stunden räume ich den armen Rechner auf, der ohne bösen Willen von seinem Nutzer mit Schlafentzug gefoltert wurde. Wie bei uns Menschen ist sein Hirn völlig überfordert und verklebt ohne den notwendigen Reset durch Ruhe. Ich bereinige den TEMP-Ordner und alle Caches mit einem unserer Tools, das im Vergleich zu Endverbrauchersoftware so tief gehen kann wie ein Minenbagger. In Ruhe installiere ich alle ausstehenden Windows- und Treiber-Updates, reinige die Registry und schaue nach, ob sich noch etwas optimieren lässt, indem ich Programme, die nicht zwingend direkt beim Hochfahren mit anlaufen müssen, aus der Startroutine nehme. Es dämmert langsam, als ich den Angehörigen wieder aus dem Wartezimmer hole, also dem Flur, auf dem er nach einem Spaziergang durch unser idyllisches Gewerbegebiet mit Jutta und Jonas geplaudert hat, und ihm den Patienten wieder übergebe.

«Er braucht zu Hause erst mal etwas Ruhe», sage ich. «Wenn er dann wieder arbeitet, lassen Sie ihn mindestens alle drei Tage einmal schlafen. Bitte, ja?»

Parham nickt und streichelt über das Gerät.

«Ach ja», füge ich noch hinzu, «und Updates sind wie Medikamente. Klar können sie in seltenen Fällen unerwünschte Nebenwirkungen haben, aber sie völlig abzulehnen, kann lebensgefährlich werden.»

Später am Abend, Jutta ist schon neben mir eingeschlafen, schaue ich auf YouTube noch ein paar Videos des IT-Girls. Der Clip über Linux ist witzig, aber fachlich völlig richtig. Selbst die Tipps, wie man sich die Kiste sauber hält, passen. Erneut klicke ich auf das Video, welches Parham fast den Rechner gekostet hat, kneife die Augen zusammen und entziffere den Schriftzug, der links oben im Bild zu sehen ist. In Anlehnung an die Kennzeichnung DAUERWERBESENDUNG steht dort ganz klein DAUERSATIRESENDUNG. Da hat der angehende Doktor ganz offenbar den Beipackzettel nicht genau gelesen.

Peewee

«Die Straßen von Essen wirken wie ein Kriegsgebiet. Zerschlagene Ladenfenster, brennende Mülltonnen, demolierte Fahrzeuge.»

Im Auto denke ich nie daran, das Radio so leise zu drehen, wie es bei uns im Büroflur flüstert. Eben lief auch noch ein Lied aus den Achtzigern, das ich sehr mag und dessen Zeilen ich erstaunlich textgenau mitsingen konnte. Jetzt berichtet der WDR über schwere Ausschreitungen in der Ruhrgebietsmetropole, die vor fast fünfzehn Jahren einmal Kulturhauptstadt Europas war. Zwei Großfamilien aus der Halbwelt sind dort am helllichten Tag aneinandergeraten und haben einen ganzen Straßenzug in ein sattes Bürgerkriegsgeschehen verwandelt. Die Politiker haben dazu sofort die jeweils zu ihrer Parteifarbe passende Meinung. Für die einen liegt es an der illegalen Zuwanderung, für die nächsten an der grassierenden Arbeitslosigkeit und der sozialen Schere, die dritten schaffen es, eine Straßenschlacht verschiedener Mafiabanden mit dem Klimawandel in Verbindung zu bringen. Der Bericht im Radio garniert das Ganze mit den markantesten Kommentaren, welche einige Nutzer auf X zu dem Geschehen hinterlassen haben. Dadurch ist Sendezeit sicher leichter zu füllen, als durch ausführliche Gespräche mit Kriminologen, Soziologen und Psychologen, die womöglich inhaltlich Relevantes zum Thema zu sagen hätten. Ich frage mich, wie das früher gewesen wäre, hätten die Nachrichten als Illustration eines Geschehens einfach die Äußerungen diverser Stammtische zitiert, so selbstverständlich, wie sie es nun mit Tweets machen. «Rosi vom Stammtisch der Gaststätte Körnerklause in Bockum-Hövel hat zu dem Geschehen folgende Meinung ...»

Ich schalte Radio wie Motor aus und trete auf den Parkplatz des kleinen Einkaufsviertels unweit unseres winzigen Bahnhofs. Zwei große Filialen von Aldi und K&K schmiegen sich hier aneinander wie friedfertige Pflanzenfresser in *Jurassic Park*, die Freundschaft geschlossen haben. Vor dem Eingang des Discounters sehe ich in den Gesichtern der Kunden keine Spur des in den Medien so oft thematisierten Wutbürgertums, sondern ausschließlich gute Laune. Das liegt nicht am heute sowieso etwas trüben Wetter und schon gar nicht an den schlechten Nachrichten, sondern an Peewee, einer großen, orangegetigerten Katze, die sich tagsüber gern vor dem Eingang oder in dem warmen Bereich zwischen den beiden gläsernen Schiebetüren aufhält. Theoretisch gehört sie zu einer Familie in den ein paar Hundert Meter entfernten Häusern hinter dem Bahnhof. Praktisch holt sie sich ihre Mahlzeiten und Streicheleinheiten morgens und abends bei wechselnden Haushalten in der Umgebung und während der Geschäftszeiten bei den Kunden der Gebrüder Albrecht.

«Na, meine Süße», nähere ich mich ihr, beuge mich

nach unten und halte ihr den Finger hin, auf dass sie ihr Köpfchen schnurrend daran reibt.

«Du kriegst gleich was, wenn ich wieder rauskomme, versprochen.»

Im Markt erledige ich zügig den Tageseinkauf, indem ich die benötigten Dinge in der App *Bring!* aufrufe und einfach wegklicke, sobald ich sie in den Einkaufswagen gelegt habe. Jutta und ich teilen uns den Zugang und können jederzeit vom Smartphone aus Produkte auf den gemeinsamen digitalen Einkaufszettel schieben. An der Kasse denke ich daran, wie es noch bis in die Neunziger hinein gewesen ist, als die Kassiererinnen und Kassierer nicht einmal einen Strichcode-Leser hatten, über den sie die Produkte zogen, sondern tatsächlich jeden Preis auswendig in irrsinnigem Tempo in die Kasse tippten, wie menschgewordene Programme, die sich jede krumme Summe merken können. Da ich kurz vor dem Reingehen vergessen hatte, das spontane Leckerli für Peewee auf die *Bring!*-Liste zu packen, fällt es mir erst jetzt an der Kasse wieder ein, und ich eile schnell zurück zum Tierbedarf.

Draußen vor der Tür kippe ich ein paar Knuspertäschchen aus der kleinen bunten Tüte in meine Hand und genieße das Gefühl der rauen und zugleich zarten Katzenzunge, die dankbar und mit umso lauterem Schnurren das Knabberzeug aus meiner Hand frisst. Trotz der Freude und des Friedens, die das Tier verbreitet, ertönt aus einem nahe gelegenen VW Golf, dessen Fahrerscheibe geöffnet ist, ein lautes, unflätiges Fluchen. Ich nähere mich, da ich derlei Wutanfall in der friedlichen Stimmung nicht stehen lassen möchte und außerdem neugierig bin, was da los ist. Der Fahrer, ein Mann Ende 20 mit Kinnbart und umgekehrt aufgesetzter Basecap, schimpft mit Worten auf sein Telefon ein, die sich in keinem frei verkäuflichen Buch wiedergeben lassen.

Ich trete an die Scheibe heran.

«Kann ich Ihnen vielleicht helfen? Ich kenne mich damit aus.»

Der Kappenmann blickt auf, perplex, aus heiterem Himmel vollkommen freiwillig Hilfe angeboten zu bekommen. Langsam Vertrauen fassend, hält er mir sein Telefon hin.

«Er dreht sich. Immer wieder dreht sich dieser verfluchte Bildschirm in die Waagerechte, obwohl ich das automatische Drehen ausgeschaltet habe. Ich komme dann völlig durcheinander, kann die Fenster nicht mehr richtig schließen. Es ist, als ob das Ding mich ärgern möchte.»

«Zeigen Sie mal her.»

Ich prüfe, ob der junge Mann das automatische Drehen tatsächlich deaktiviert hat. Oftmals sind Menschen bloß der Überzeugung, etwas getan zu haben, weil sie es tun wollten, dann unterbrochen wurden, es nicht mehr fertig machten, aber dennoch abgespeichert haben, dass es längst erledigt sei. Aber – er hat. Sehr gerade und sehr senkrecht halte ich das Gerät in die Mittagsluft und schüttle es leicht.

«Was machen Sie denn da mit meinem Gerät?»

«Ich schüttele es.»

«Das sehe ich auch, aber ich habe nur mein Einverständnis gegeben, dass Sie sich mein Gerät ansehen. Von Schütteln war keine Rede.»

«Das kann den Sensor dazu bringen, sich neu zu kalibrieren», erkläre ich. «Meistens liegt dieses nervige Querlegen daran, dass der Sensor dem Telefon signalisiert, es würde quergehalten, obwohl das gar nicht der Fall ist.»

«Und da hilft Schütteln?»

«Schütteln ist immer einen Versuch wert. Aber gut, hier wohl nicht.»

Ich halte das Telefon wieder normal. Peewee schnurrt den nächsten Kunden um die Beine.

«Aber selbst wenn das Ding denkt, ich halte es quer, darf es das Bild doch trotzdem nicht drehen, wenn ich es ihm verboten habe», sagt der junge Mann.

«Was hatten Sie denn gerade an?»

«Wie, an? Sehen Sie doch. T-Shirt von Ralph Lauren, Jogger von Adidas.»

«Welche App?»

«Ach so. Wieso? Dürfen Sie mich das fragen?»

«Das ist keine Verkehrskontrolle, ich helfe ihnen gerade freiwillig.»

In dem Moment, wo ich es ausspreche, frage ich mich, ob die Kiste hier unter «können Sie mal kurz gucken» fällt oder die völlig neue Kategorie «kann ich mal kurz gucken?» eröffnet.

«YouTube», antwortet der Jogginghosenträger, «aber ich sag Ihnen nicht, was.»

«Manche Apps», erkläre ich, haben zusätzlich zur allgemeinen Drehsperre noch ein eigene eingebaut. Die muss man dann auch noch aktivieren. YouTube zum Beispiel, weil man da ja doch häufig quer guckt.»

Ich prüfe es nach.

«Und?»

«Auch nicht.»

Einen Moment stieren wir beide ratlos über den Parkplatz. Auf der anderen Seite steht die Wellness Oase allen Menschen bereit, die sich fit halten wollen. Gerade kommt eine Clique von Menschen heraus, Sporttaschen lässig über die Schulter geschwungen, lachend und flirtend mit weißen Zähnen und splissfreiem Haar. Fehlt nur noch, dass der Gang in halber Zeitlupe abläuft und wir leben in einem Reel mit Affiliate-Link. Oder in einer TV-Werbung.

«Können Sie machen, dass es sich nie mehr dreht?», fragt der junge Mann. «Ich bin kein Quergucker, nie gewesen. Mich macht das alles völlig fertig.»

«Nie mehr?»

Er schüttelt bejahend den Kopf.

«Nie mehr.»

«Gut, wie Sie wollen.»

Rotationsblocker

Wenn ein Smartphone trotz mehrfach eingestellter Drehsperre weiterhin das Bild in die Waagerechte bringt, lässt sich mit Apps wie Accelerometer Calibration oder der Physics Toolbox Sensor Suite der Sensor des Telefons neu kalibrieren. Ist man im Leben an den Punkt gekommen, an dem jede Drehung eine zu viel ist, kann man Tools wie Rotation Control oder Ultimate Rotation Control runterladen und anwenden, mit denen sich erzwingen lässt, dass der Bildschirm immer im Hochformat bleibt – ganz egal, was der Sensor sagt.

Ich verstaue die Einkäufe im Firmenkühlschrank, wohlsortiert nach dem, was tatsächlich fürs Büro gedacht ist und was heute Abend mit nach Hause kommt. Wenn ich eines gelernt habe in meinen vielen Jahren als IT-Dienstleister, dann, dass nur glücklich überleben kann, wer die Ordnung in den Dingen sofort herstellt. Nicht gleich, nicht nachher und schon gar nicht morgen. Sofort. Knalle ich die Sachen einfach so in den Kühlschrank, werde ich etwas, das für zu Hause gedacht ist, hierlassen, und etwas, das für hier gedacht ist, mitnehmen. Lasse ich mich bei der Ankunft sofort vom ersten Anruf ablenken, kann es sogar passieren, dass die Tüte mit den Tiefkühlprodukten erst einmal im Flur stehen bleibt und mir drei Stunden später wieder ins Auge fällt, das Suppengemüse und der Rosenkohl längst aufgetaut, matschig und bereits leicht müffelnd.

In der digitalen Ordnung ist es genauso. Niemand, der Fotos vom Telefon auf die Festplatte schiebt und nicht sofort benennt, wird es später noch tun. Keiner wird den Ordner *Downloads* auf seinem Computer davon abhalten können, sich mit Gigabytes unnützer Daten vollzusaugen, wenn er es sich nicht zum festen Ritual gemacht hat, wenigstens einmal in der Woche all das, was temporär dort gelandet ist, wieder zu löschen.

Im Grunde kann man alles aus meinem Berufsfeld auf das Leben übertragen. Die Tatsache, dass man sich um Virenbefall sofort zu kümmern hat und nicht erst dann, wenn es schon zu spät ist. Oder die Technik, sich für bestimmte Abläufe eine Automatisierung auszudenken, um nicht immer und immer wieder seine Zeit damit zu verschwenden, das Gleiche zu tun. Der Großanbieter, auf den unsere eigene Firmen-IT zurückgeht, arbeitet beispielsweise gerade an einem KI-gesteuerten Chatbot, der in Zukunft die hereinkommende Post automatisch nach bestimmten Schlüsselbegriffen filtert, die darin gestellten Fragen und thematisierten Probleme versteht und bei üblichen wie einem nicht druckenden Drucker die Post gar nicht erst an uns weiterleitet, sondern eine automatisierte Antwort erstellt mit Schritten, die der Kunde durchzuprobieren hat, bevor er sich erneut meldet. Viele Stunden werden so in Zukunft eingespart sein, die dann zwar auch kein Honorar für eine Service-Dienstleistung erzeugen, aber bedeutend lukrativer genutzt werden können.

Ja, wir stehen vor einer Zeitenwende, aber nicht vor der, die die Politiker meinen. Wie lange es noch dauern wird, bis aus der künstlichen Intelligenz die künstliche Superintelligenz wird, also die, die ein tatsächliches Bewusstsein hat, weiß ich nicht. Mindestens noch zwei Jahrzehnte, würde ich nach der Lektüre der Fachpresse behaupten. Oder nach dem Hören des KI-erzeugten Podcasts, den ich mir aus den Texten der Fachpresse habe erstellen lassen. Eines aber ist klar: Was die KI in der Zwischenzeit an disruptiver Kraft auf die Gesellschaft ausüben wird, ist den Politikern in ihren Amtsstuben, die das Dokument ihres Redenschreibers mit dem, was sie in der nächsten Bundestagssitzung sagen werden, immer noch in Microsoft Word 97 öffnen, ebenso wenig bewusst wie den Gesundheitsämtern mit ihren Faxgeräten.

Ich nehme mir eine Milchschnitte aus dem eigentlich

für zu Hause gedachten Vorrat, reiße sie auf und stehe, als ich aus der Küche komme, erneut vor einer sich scheinbar aus dem Nichts materialisierten Kundin. Die Frau ist das absolute Gegenteil des Golf-Fahrers mit der Baseballkappe, der Jogginghose und dem Kalibrierungsproblem vorhin, der nach der Lösung des Problems so glücklich war, dass er Peewee ein bisschen echte Geflügelleberwurst aus dem Supermarkt holte und sie sich aus der Hand schlecken ließ. Die Kundin trägt ein wallendes, bodenlanges, bunt gebatiktes Kleid, armreifgroße Holzohrringe, eine bunte Perlenkette und ein verwegenes, etwas zu stark aufgetragenes Make-up. Mit einem gewissen Singsang in der Stimme, der mich an Popkirchenlieder aus den Achtzigern erinnert, hält sie ihr Handy in die Höhe und sagt: «Es mag mich nicht mehr!»

Kurz überlege ich, ob wir uns kennen, da sie sich nicht vorstellt, aber womöglich sind Namen in ihrer Welt nur Schall und Rauch. Bloß das irdische Etikett für eine alle Begriffe transzendierende Seele.

«Wieso nicht?», frage ich.

«Na, schauen Sie, was es macht.»

Sie hält das Handy auf meine Kopfhöhe, das Display entsperrt, und nähert sich vorsichtig mit der Hand. Ungefähr sieben Zentimeter, bevor sie darauf etwas drücken kann, schaltet der Bildschirm auf Schwarz.

«Sehen Sie?», sagt sie. «Es hat mich nicht mehr lieb. Irgendwas muss ich falsch gemacht haben.»

Ich suche in ihrem Gesicht nach Anzeichen dafür, dass sie diese Formulierungen scherzhaft meint, finde aber keine.

«Jetzt gucken Sie mich nicht so an», erspürt sie meine Gedanken. «Ich bin mir ganz sicher, Geräte haben eine Seele. Über zwanzig Jahre lang habe ich meinen Antonius gefahren, einen Renault 19, Baujahr 1989. Fragen Sie mal alle Automechaniker hier in unserer Gegend, den Rosendahl, den Schlieckmann, den Stentrup, die werden Ihnen alle sagen, dass Renaults zu den anfälligsten Fahrzeugen überhaupt gehören. Aber ich habe meinem Antonius immer gut zugeredet, ihn gestreichelt, mich nach jeder gelungenen Fahrt für die Reise bedankt. Und mit den Telefonen lief das bisher eigentlich ähnlich, auch mit diesem hier, mit Ashanti. Aber irgendwas muss ich in letzter Zeit falsch gemacht haben. Vielleicht hat sie mitbekommen, wie ich mit meinen Freundinnen darüber gesprochen habe, dass wir viel zu häufig zum Telefon greifen und viel zu selten zum Buch und dass diese ganzen verfluchten Smartphones unser Leben nur schwieriger gemacht haben. Oh Gott, jetzt habe ich es schon wieder gesagt! Verzeih mir, Ashanti!»

Sie streichelt das Telefon mit der rechten Hand und drückt es mit der linken an ihre Wange.

Schnell esse ich meine Milchschnitte zu Ende, werfe die Folie auf die Anrichte der Teeküche hinter mir und halte die Hand hin.

«Darf ich mal?»

Ich entsperre das Telefon und mache genau das Gleiche, was sie soeben getan hat. Vorsichtig nähere ich mich dem Display mit der Fingerspitze und bei ungefähr sieben Zentimeter Abstand verschließt sich Ashanti und schaltet auf Schwarz.

«Sehen Sie?», sage ich. «Ashanti und ich, wir kennen uns gar nicht. Richtig? Ich habe sie nie zuvor gesehen und sie mich nicht. Sie kann nicht wissen, wer ich bin, und nicht sauer auf mich sein. Ich habe ihr noch nichts getan, und trotzdem erleben wir das gleiche Phänomen.»

«Sie spürt, dass sie Materialist sind. Also nicht im Sinne von gierig, sondern in dem Sinne, dass sie nicht an die geistige Welt glauben.»

Wenn sie wüsste, denke ich mir, aber würde ich dieser Frau auch nur ein kleines bisschen von den Gesprächen erzählen, die ich mit Jonas führe, wäre der Tag gelaufen. Also lasse ich das mit dem völlig unspirituellen Materialisten einfach mal so stehen.

«Das Problem, mit dem wir es hier zu tun haben, ist kein verletzter Stolz und keine verletzten Gefühle Ihres Telefons, sondern ein viel zu empfindlich eingestellter Annäherungssensor.»

Annäherungssensor bei Smartphones

Der Annäherungssensor (Proximity Sensor) sitzt meistens in der Nähe der Frontkamera und erkennt, wenn sich ein Objekt dem Display nähert, etwa das Gesicht während eines Anrufs. So verhindert er, dass in diesem Fall das Display offen bleibt und der Telefonierende mit der Wange lauter Apps öffnet. Umgekehrt gibt er je nach Energiespareinstellung dem Gerät das Signal, in den Standby-Modus gehen zu dürfen, wenn sich eine bestimmte Zeit niemand nähert. Die Annäherung erkennt der Sensor über Infrarotstrahlen. Zu empfindlich, zickig oder unsinnig kann er reagieren, wenn er verdreckt ist, halb von der Display-Schutzfolie verdeckt wird oder ähnlich wie der Sensor für das Drehen des Bildes falsch kalibriert ist.

Da das Telefon der Kundin sauber ist und keine Schutzfolie enthält, die falsch aufgeklebt sein könnte, öffne ich mittels eines Shortcuts die Entwickleroptionen in Android und passe die Kalibrierung neu an, bis sowohl sie als auch ich uns gefahrlos mit dem Finger nähern können. Statt dankbar und glücklich zu sein, fragt die Frau mich bloß, was ich bekomme, drückt mir einen Schein und die Hand und rauscht aus dem Büro. Fast rempelt sie Jonas um, der ihr auf der Treppe entgegenkommt und nun mit verdutztem Blick nachsieht.

«Was war das denn?», fragt er.

«Gerät repariert, Weltbild zerstört», antworte ich.

«Du hast es nicht leicht», sagt Jonas, stapft zu meinem Büro und wirft sich in die Couch. «Aber ich auch nicht.»

Ich bin ihm zügig gefolgt, da ich ihn ungern zu lange allein in meinen vier Wänden lasse, wo er hin und wieder ganz gern an den Hörer geht und sich bei den Kunden scherzhaft mit «Brandt, Bundesministerium für Digitales, Familie, Frauen, Energie, Wirtschaft, Bildung und Single Tasking» meldet.

«Was ist los?», frage ich.

«Meine Freundin», sagt er, «sie hat mir verboten, ihr noch irgendeine Theorie zu erzählen, ohne dass ich Belege aus Primärquellen vorzeige.»

Ich weiß nicht, was mich an diesem Satz mehr irritiert.

Der kompliziert wirkende Zusammenhang oder die mir bislang unbekannte Tatsache, dass Jonas tatsächlich eine Freundin hat. Die Frage, die aus meinem Mund fällt, ohne dass ich sie bewusst formuliert hätte, gibt die Antwort.

«Du hast eine Freundin?»

«Ja, sicher, Mayla. Weißt du doch.»

«Nein, weiß ich nicht. Du sprichst mit mir über alles Mögliche, aber von einer Mayla habe ich noch nie etwas gehört. Zumal du hier immer vor Erregung fast einen Herzinfarkt kriegst, wenn Viola vorbeikommt.»

«Kann nicht sein!», sagt er. «Beides nicht.» Er stockt und legt den Zeigefinger an die Unterlippe. «Oder kann doch sein, Mandela-Effekt. Aber das ist ein anderes Thema. Na jedenfalls, Mayla ist der wunderbarste Mensch, meine zweite Seelenhälfte und meine zweite Körperhälfte übrigens auch. Es gibt nichts Schöneres als einen Morgen auf dem Campingplatz. Aber auch der wird mir bald verwehrt sein, denn wie gesagt, sie will plötzlich Quellen haben, die alles, was ich sage, zweifelsfrei belegen.»

Eine kluge Frau, denke ich mir und frage: «Zum Beispiel?»

«Zum Beispiel von allem, was auf Files endet. Die RKI-Files. Die JFK-Files. Auch alles, was auf Papers endet, die Panama Papers oder die Pfizer Papers. Oder Verträge, Gesetze. Der Vertrag von Lissabon zum Beispiel, dieses EU-Papier, in dem man nachlesen kann, was diese Verbrecher aus Brüssel alles mit uns anstellen – allein das Ding hat über 1000 Seiten. Um die Pfizer Papers zu sichten, die glaube ich über 50000 Seiten haben, haben Naomi Wolf und Steve Bannon über 3500 freiwillige Recherchehelfer, um das Ganze auszuwerten und dann wiederum in ein Buch zusammenzufassen. Aber nein, selbst dieses Buch akzeptiert meine Freundin nicht, weil es keine Primär-, sondern eine Sekundärquelle ist. Und wenn ich von der Quantenphysik anfange und von der Simulation, in der wir leben, dann sagt sie, ich solle erst einmal einen Abschluss in Physik an einer ordentlichen Universität machen und danach wiederkommen. Ja, ich bitte dich, Philipp, als wenn die Menschen nur über das sprechen dürften, in dem sie sich wirklich auskennen. Also, ich meine, ich kenne mich ja aus. Aber auskennen im Sinne von auskennen. Du weißt, was ich meine.»

Beiläufig sortiere ich ein paar Blätter in die richtigen Ablagen. Es war dem Verkauf des ersten Buches ganz sicher zuträglich, darin auf lustige Art meine Schwächen zu zeigen, vor allem das ganze Chaos. In den Jahren danach hat es mich aber ziemlich geärgert, dass ich für viele plötzlich jener Spielbusch war, in dessen Kabelkisten neue Lebensformen entstehen, dessen Teeküche man nicht betreten kann und der es nicht fertigbringt, seine Steuer zu machen. Das ist alles jetzt im Griff, außer auf dem Männer-WC, zugegeben. So gesehen habe ich mich durch das Buch selbst therapiert. Das Ausmaß der inneren Ordnung, das Jonas' Freundin nun von ihm verlangt, mag übertrieben sein, ist aber wahrscheinlich genau die Kraft, die sein etwas aus dem Lot geratenes Pendel wieder in die Balance bringen kann.

«Das heißt also, bevor du Mayla gegenüber wieder irgendwas darüber erzählst, wer auf der Welt in welcher Sache wirklich die Strippen in der Hand hat, musst du erst einmal so ungefähr ein paar Millionen Seiten originale Gesetzestexte, Verträge und geleakte Dokumentationen im Original studieren und außerdem Physik, Medizin, Biologie, Wirtschaft und Politik mindestens bis zum Master studieren?»

«Ja!», ruft er klagend.

«Es sei denn ...?», helfe ich ihm auf die Sprünge.

«Es sei denn, ich rede einfach nicht mehr den ganzen Tag über diese Dinge.»

Ich nicke und zwirble meinen Bart.

«Könnte sein, dass es deiner Süßen zu viel geworden ist, oder? Dass sie es lieber hätte, wenn ihr beide ...?»

Erneut lege ich Jonas die drei Pünktchen am Ende meines Satzes zum Selbstausfüllen hin.

«... wenn wir mehr unternehmen, mehr miteinander lachen, mehr einfach auch mal über was anderes reden, als darüber, warum morgen die Welt untergeht und wieso wahrscheinlich alles eine Lüge und Illusion ist.»

«Siehst du?», sage ich. «Sie will nicht, dass du 50000 Seiten Dokumente liest, sie will, dass du mit ihr schöne Erinnerungen kreierst.»

Jonas lässt sich noch tiefer in die Couch sinken.

«Weißt du», sage ich, «ich bin ja froh, dass Jutta und ich wenigstens gemeinsam hier arbeiten und dass ich meine Kinder regelmäßig sehe. Aber trotzdem verbringe ich zu viel Zeit hier in dieser Butze. Ich mag meinen Job, absolut, aber wenn Quantenchip Willow doch, schneller, als alle denken, sämtliche Blockchains und Passwörter dieser Welt knackt, das Finanzsystem zum Explodieren bringt und die Staaten dieser Erde die Anarchie nur verhindern können, indem sie uns allen erst einmal eine Million Euro als eine Art Grundeinkommen für den Neustart auszahlen – glaub mir, dann gibt es für eine ganze Weile keinen Philipp Spielbusch in der Strontianitstraße mehr zu sehen, dafür aber in den schottischen Highlands, im Regenwald des Amazonas und am Strand von Sri Lanka.»

Jonas nickt.

«Wann hast du das letzte Mal mit Mayla einfach so einen Ausflug gemacht?»

Jonas vergräbt das junge Gesicht in den Händen. Als er mich wieder anschaut, fragt er: «Wo soll ich denn da anfangen?»

«Nimm sie einfach mal zu etwas ganz Normalem und Alltäglichen mit. Etwas ganz ohne Verschwörungen. Einkaufen gehen, im Supermarkt, aber nicht in irgendeinem, sondern hier bei unserem Aldi.»

«Du meinst wegen Peewee?»

«Ganz genau. Nimm sie mit, lass sie Peewee streicheln und danach servierst du ihr auf dem Campingplatz einen richtig schönen heißen Kakao. Ihr röstet Marshmallows über dem Feuer, und du sprichst einfach so über den Sternenhimmel, ohne damit anzufangen, dass es sich beim Firmament um eine programmierte Kulisse handeln könnte und die Freimaurer uns womöglich sogar über die Form unserer Erde belügen. Noch hast du die Zeit im Leben übrig.» Ich überschlage meine Reststunden, die ich mir gemerkt habe und schätze die Differenz zu Jonas' Alter ab. «So ungefähr 425250 Stunden.»

Jonas springt aus der Couch zur Tür, bleibt kurz stehen,

beugt sich über meinen Schreibtisch und umarmt mich so fest wie den Ersatzvater, der ich laut seiner Mutter für ihn mittlerweile geworden bin.

Neustart

«Gleich in der ersten Sitzungswoche des Bundestages im neuen Jahr werde ich dann die Vertrauensfrage stellen – damit der Bundestag am 15. Januar darüber abstimmen kann. So können die Mitglieder des Bundestages entscheiden, ob sie den Weg für vorgezogene Neuwahlen freimachen. Diese Wahlen könnten dann unter Einhaltung der Fristen, die das Grundgesetz vorsieht, spätestens bis Ende März stattfinden.»

Wulf steht vor dem Kaffeeautomaten und zeigt mir seinen Rücken in dem flauschigen Weihnachtspulli, den er viel zu früh übergezogen hat. Manchmal kommt es mir vor, dass er immer breiter wird, obwohl ich noch nie mitbekommen habe, dass er irgendeinen anderen Sport treibt, als am Wochenende mit der Familie ausgiebige Fahrradtouren durch unser schönes Münsterland zu machen. Im Radio verkündet der Kanzler, dass die Regierung gescheitert ist.

«Neustart hilft immer», verbraucht Wulf die ersten drei Worte seines Tages, da wir uns darauf geeinigt haben, dass das «Moin!» zur Begrüßung nicht länger mitzählt. Er dreht sich um, den Arm angewinkelt, der Kaffee dampft und ein ironisches Schmunzeln schleicht sich in sein Gesicht, als er hinzufügt: «Aber nur bei Computern.»

Ich lache, nicht befreit, eher ein wenig bitter. Mittlerweile gibt es zu viele Wutbürger im Land, die bei der kleinsten Kleinigkeit hochgehen wie einst das HB-Männchen in der Zigarettenwerbung. Für sie schmeckt mittlerweile alles, was aus der Politik kommt, generell nach Lebertran. Sie fühlen sich dermaßen verraten, dass sie den Glauben an die Demokratie so vollständig verloren haben wie jene Kunden den Glauben an ein Windows nach 8.1, was sie nur dann sicher leben lässt, wenn sie die Verbindung zur Welt vollkommen kappen, da es für sie keine Updates mehr geben kann. Ich selbst würde mich nicht als Wutbürger bezeichnen, sondern als begründet Teilzeitzornigen. Die Geschmacksnote unseres politischen Systems ist für mich noch nicht Lebertran. Eher realistische Enttäuschung gemischt mit Resthoffnung. Eine kleine Flasche Bitter Lemon, die zu lange in der Sonne gestanden hat.

«Guten Tag, sind Sie Herr Spielbusch?»

Erneut hat ein Kunde offenbar unseren gesamten Flur durchschritten, ohne dass ich ihn wahrgenommen habe. Womöglich sollten wir den Teppich rausreißen und durch Parkett ersetzen.

«Nein, einen Spielbusch gibt es hier nicht», würde ich am liebsten antworten. «Mein Partner und ich haben die Firma vor ein paar Minuten feindlich übernommen.» Doch andererseits ist die Frage des Kunden natürlich berechtigt, da wir zu zweit arbeiten. In einer erstaunlich gleitenden Bewegung lässt er seinen Rucksack von der Schulter gleiten, öffnet den Reißverschluss, zieht seinen Laptop heraus, stellt ihn auf die freie Ecke meines Schreibtisches und klappt ihn auf. Da das Gerät lediglich auf Standby geschaltet war und er offensichtlich keine Maske zum Entsperren eingerichtet hat, blicke ich nach wenigen Sekunden direkt auf eine Seite in Microsoft Word.

«Was ist passiert?», frage ich.

Der Kunde lehnt sich mit dem rechten Arm auf den Schreibtisch, winkelt seine Hand an und bewegt mit dem Zeigefinger den Pfeil, der einfach störrisch Pfeil bleibt und sich auch nicht in einen Cursor verwandelt, wenn der Kunde in den Text klickt. In Sekundenschnelle fächern sich in meinem Inneren die möglichen Fehlerquellen für dieses Phänomen auf.

«Gehen Sie mal nach oben in die Leiste zum Punkt ‹Bearbeiten› und dann ‹Markieren›. Es kann sein, dass dort aus Versehen quasi Objekte angehakt sind statt Text. Dann denkt Ihr Zeiger, sie wären gerade nicht im Schreibmodus, sondern wollen irgendwelche im Text eingebrachten Bilder anklicken.»

«Das ist ja das Problem», sagt er. «Wenn ich hier oben in die Leiste gehe, kann ich auch nichts anklicken.»

Er demonstriert es mir. In der Tat, der Pfeil bleibt weiterhin Pfeil, ohne irgendwas zu bewirken.

«Aufgehängt», sage ich, «da machen wir doch einfach eben einen Kaltstart.»

Ich drücke ohne hinzusehen die Tastenkombination, die seit Jahrzehnten in mein Körpergedächtnis eingebrannt ist. Zu meinem Erstaunen erscheint keinerlei Task Manager und auch die Windows-Taste lässt das Menü, mit dem der Rechner sich üblicherweise neu starten lässt, nicht aufploppen.

«Das kommt auch noch hinzu», sagt der Kunde und scheint langsam eine gewisse Freude daran zu entwickeln, einen Wissensvorsprung seiner Defekte vor mir, dem Detektiv, zu haben. Ähnlich wie Menschen, die gern Krimis schauen, in denen sie den Mörder bereits in der ersten Szene identifizieren durften.

«Auch auf die Tastatur reagiert er nicht mehr», sagt der Kunde. «Meine Fresse, dass ich Ihnen das überhaupt erklären muss.»

Ich lehne mich in den Stuhl zurück, verschränke kurz die Arme, neige den Kopf und bin froh, dass er diesen Satz hinterhergeschoben hat. Vor diesem Satz war er noch ein normaler Kunde. Ein wenig panisch, in angemessenem Maße, aber alles in allem höflich neutral. Nach diesem Satz fällt er in die Kategorie jener Klienten, bei denen Wulf und ich uns unsere lustigen Erziehungsmaßnahmen erlauben. Und da der Kunde ja offensichtlich so großen Spaß an kriminalistischen Verwicklungen hat, scheint es mir angemessen, als wichtigen Bestandteil der Handlung eine falsche Fährte zu legen. Ich lasse eine weitere strategische Sekunde verstreichen, dann schaue ich ihm ernst in die Augen.

«Okay. Dieses Problem erfordert eine ernste und aufwendige Maßnahme.»

Bei dem Versuch, die Fassung zu bewahren, scheitert der Mittdreißiger mit der seltsamen runden Brille und dem haarlosen Schädel in Form einer Boje kläglich. Langsam schiebt sich ein fahles Weiß vom Kinn aufwärts in sein Gesicht.

«Sagen Sie nicht so was! Ich habe diesen Monat nicht mehr viel Budget für Computerreparaturen.»

«Das tut mir wirklich sehr, sehr leid. Aber, wenn ich an die üblichen Fälle mit diesem Problem denke, da kommen schon beträchtliche Summen zusammen.»

«Nein!»

Der Bojenmann legt seine Hände auf den kahlen Kopf und läuft zwischen Schreibtisch, Bürotür und Flur auf und ab. Dabei richtet er seine Klagen nicht nur an uns, sondern offenbar auf alle einwirkenden Kräfte in seinem Leben.

«Wie stellt ihr euch das vor? Sagt mir, wie? Vorauszahlung hier, Nachzahlung da. Wir bedauern, Ihnen mitteilen zu müssen, dass der Preis für die Kilowattstunde Strom sich zum 31.3. erhöht. Ja, und der fürs Erdgas auch. Aber ich bin ja selbst schuld. Warum verdiene ich nicht einfach mehr, wenn alles teurer wird? Oder? Das liegt doch ganz in meiner Hand, ist eine Sache der Eigeninitiative. Das Olivenöl kostet mittlerweile zehn Euro. 9,99 Euro? Scheiß auf euren Cent! In meinem Alter hatten meine Eltern ein großes Einfamilienhaus mit Garten. Vor dem Haus stand ein gepflegter Strich-Achter, und die Bude war so gut wie abbezahlt. Wissen Sie, was passiert, wenn heute irgendwas an meinem Auto kaputtgeht?»

Mittlerweile tut es mir ein wenig leid, dass ich diesen kleinen Prank angefangen habe. Es wird wohl Zeit, ihn behutsam zu Ende zu bringen. Bevor ich etwas sagen kann, springt der Mann zu meinem Schreibtisch zurück.

«Aber gut, gut. Was müssen Sie tun? Sagen Sie es mir, Herr Spielbusch, damit ich wenigstens verstehe, wofür ich meine zwei, drei Freunde um das nächste Privatdarlehen anpumpe. Wie genau lautet diese Maßnahme?»

Ich schlucke und denke wieder an die Mutter, die den

Teppich selbst mit Tinte beschmutzt und dann ihren Sohn für die Gardinenpredigt herbeigerufen hat. Ob ich doch nicht besser bin?

«Die Maßnahme, kommen Sie mal kurz rum, die Maßnahme geht wie folgt.»

Ich lege meinen Finger auf den Powerknopf des leicht altersschwachen Lenovo-Gerätes und halte ihn dort so lange gedrückt, bis der Computer vollständig ausgeht, gut zu hören an dem kleinen, hochtönigen Lispeln, wenn die Festplatte ihre Aktivität einstellt und natürlich an der friedlichen Stille, die einkehrt, wenn der Lüfter ausgeht und man sie dann überhaupt erst bemerkt, weil man das Dauerrauschen für den Normalzustand gehalten hat.

«Und jetzt?», fragt der Kunde, der wie so viele mittlerweile tagtäglich an der Abbruchkante seiner wirtschaftlichen Existenz balanciert.

«Jetzt warten wir ungefähr dreißig Sekunden», sage ich, «bis jeder Rest von Spannung aus dem Gerät entwichen und somit alle temporären Speicher gelöscht sind.»

Da der Satz, mit dem ich diesen Zusammenhang erkläre, lediglich fünf Sekunden dauert, vergehen die nächsten fünfundzwanzig nicht wie im Fluge, sondern im Gegenteil wie bei einer Tunnelbohrung durch Granit. Wortlos schauen wir uns an, während zähflüssig die Zeit verrinnt. Als es endlich so weit ist, fahre ich den Rechner wieder hoch, öffne Microsoft Word und das zuletzt benutzte Dokument, fahre mit dem Pfeil in den Text, klicke auf das Touchpad und verwandele den Pfeil somit wieder in einen Cursor.

Verschämt ziehe ich mein Kinn zurück und den Kopf

ein wenig zwischen die Schultern. Ich sag mal so: Gäbe es jetzt Schläge, sie wären nicht ganz ungerechtfertigt.

Einen kurzen Augenblick lang legt der Mann seinen Kopf schief und schaut mich ob des bösen Scherzes tadelnd an, dann aber siegt die Erleichterung, dass keine Kosten außer ein bisschen Trinkgeld auf ihn zukommen und ihm der beschämende Gang zu seinen Freunden erspart bleibt. Für viele in unserem Land ist das mittlerweile der größte Glücksmoment geworden – doch noch eine weitere Runde überlebt zu haben.

«Sie Arsch!», sagt er, und Freudentränen machen seine Augen gläsern, als er mir mit der rechten Hand in die Schulter pufft und mit der linken den Laptop zurück in seinen Rucksack nestelt. Er zieht ihn zu, sieht sich im Büro um, beugt sich nach hinten in den Flur.

«Wo ist denn Ihre Trinkgeldkasse oder Ihr Sparschwein?»

«Lass stecken», sage ich, «das war pro bono.»

Am frühen Abend begreife ich, warum Wulf bereits an diesem kühlen Novembermorgen das erste Mal seinen Weihnachtspulli angezogen hat. Wir stehen mit Nachbarn und Freunden in seinem Garten, zusätzlich zu warmen Pullis bereits mit Mützen und Schals ausgestattet, und halten die Hände über die Feuerschale, während Wulf zugleich auf dem riesigen Gasgrill die Würstchen, das Bauchfleisch und ein paar Maiskolben in Aluschalen schwenkt. Er geizt nicht nur mit den Worten, sondern auch mit der Vorlaufzeit, mit der er Ereignisse wie sein alljährliches Wintergrillen vorher ankündigt. Frühestens spricht er die Einladung einen Tag vorher aus, manchmal aber wie heute auch erst wenige Stunden davor. Da wir alle dieses skurrile Ritual sehr lieben, kommt es dennoch seltenst zu Absagen. Wulf trägt bei diesem Event grundsätzlich immer das erste Mal seinen Weihnachtspulli. In einem großen Topf, den er ebenfalls auf dem Grill heiß hält, steht der erste Glühwein des Jahres parat.

Nachbarn sind gekommen, ein paar Kollegen aus der Branche, auch meine Sprösslinge toben auf dem Rasen herum. Eifrig schießt Finn seiner Schwester einen Ball zu und diese ihn, während sie auf ihr Handy schaut, souverän zurück.

«Na?», fragt Ludger, einer von Wulfs Nachbarn, gedrungene Gestalt, kleiner Bierbauch, umfangreicher Schnauzer. «Wer ist schuld am Systemabsturz? Die Roten oder die Gelben?»

Wulf zuckt mit den Schultern und dreht ein Würstchen. «Die einen sagen so, die anderen sagen so.»

«Ach komm, Wulf, entscheide dich mal. Sei nicht immer so neutral, mein Lieber. Du findest doch auch sonst jeden Virus und jede Malware. Und der Olaf sagt, der Christian, der sei schon seit Monaten so eine Art Malware gewesen. Ein Spionageprogramm unter falscher Flagge.»

«Ja», antwortet Jutta, da Wulf sich schweigsam auf das Fleisch konzentriert, «aber der Olaf hatte den Code für seine Rede schon fertig programmiert in der Tasche, vorlesefertig, wahrscheinlich in drei Ausführungen. Da kann die Empörung über den Christian so spontan nicht gewesen sein.»

«Leute!», hebe ich die Hand und meinen Glühweinbecher. «Das führt doch zu nichts. Stellt euch vor, wir hätten eine ganze Weile gar keine Regierung. Würde euch das stören?»

«Nö», sagt Ludger, «dann könnten wir endlich mal in Ruhe arbeiten.»

Jule lässt den letzten Pass von Finn ins Leere laufen und kommt zu uns herüber, während ihr Bruder am Ende der Wiese empört die Arme hebt. Sie zeigt mir ihr Telefon.

«Schau mal, Papa, es will nicht mehr.»

Ich muss kichern. Früher gehörte der Satz *Er will nicht mehr* zu den ganz häufig geäußerten Phrasen unserer Kunden. Die Formulierung stand sogar zur Auswahl als Titel für das erste Buch. Mittlerweile hat *Es will nicht mehr* das gute alte *Er will nicht mehr* nahezu abgelöst, denn vor allem die jüngeren Menschen tragen den von ihnen meistgenutzten Computer in Form eines Smartphones jederzeit mit sich herum.

Das Display ist eingefroren. Nichts geht mehr. Ich halte die Power-Taste und den Lautstärkeregler nach unten gleichzeitig gedrückt.

«Das habe ich auch schon probiert, Papa.»

«Gut», sage ich und schaue in die Runde. «Hat jemand mal eine Sicherheitsnadel oder irgendetwas ganz Dünnes, Spitzes? So einen Bleistift vielleicht, mit dem John Wick gleichzeitig drei Leute umbringen könnte?» Ehe ich mich versehe, reicht mir die Hausherrin eine aufgebogene Sicherheitsnadel. Es ist gar nicht so ewig her, dass mein Wulf geheiratet hat, aber die beiden schwingen dermaßen harmonisch auf einer Welle, als wären sie schon seit Jahrzehnten zusammen. Behutsam schiebe ich die Nadel in das winzige Loch an der linken Seite des Geräts und erzwinge so den Neustart. Eine Weile geschieht nichts, dann fährt das Smartphone wieder hoch.

«Danke, Papa.»

«Was hat er gemacht?», fragt Ludger, der nicht aufgepasst hat, da er seinen Schnauzbart gerade tief ins Bauchfleisch vergrub.

«Einen radikalen Neustart», sagt Jutta. «Manchmal hilft nur das.»

«Wir wollen es nicht hoffen», meint die Hausherrin, nimmt die Nadel wieder an sich, gibt ihrem Wulf einen Kuss auf die Wange und löst Jule beim Fußballspielen mit meinem Sohnemann ab.

Blauer Brief

Er hat es gesagt. Er hat es tatsächlich gesagt. Mit bewundernswert selbstbewusstem Blick steht der junge Mann in seiner Cargohose und dem locker geknüpften Hemd im Gemeinschaftsbüro. Wulfs riesiger Arbeitsplatz mit den fünf leicht geschwungenen Bildschirmen und der Geheimdienstanmutung scheint auf ihn wenig Eindruck zu machen. Die anderen beiden Schreibtische an der Fensterseite sind immer noch leer. Im Blick des jungen Mannes sehe ich, wie er einen davon bereits für sich einrichtet, den Fotorahmen mit seiner Verlobten auf die Fensterbank stellt und die Glücksbringerfiguren von Meister Yoda und Prinzessin Leia auf den Tisch. Offenbar hat er keine Zweifel daran, dass ich die Gehaltsvorstellung, die er soeben geäußert hat und deren unglaubliche Ziffern immer noch wie ein blasses Schemen in der Luft zwischen uns schweben, erfüllen werde. Einerseits hat er Grund, das zu glauben, denn seit Monaten suchen wir verzweifelt nach Fachkräften. Andererseits hat er keinen Grund, das zu glauben, denn er steht hier nicht in den Räumen von Microsoft, Dell oder SAP, sondern in einem kleinen Dienstleistungsbetrieb mit zwei Mitarbeitern, der dringend vier bräuchte, um weiter reibungslos zu funktionieren ... der aber augenblicklich zusammenbräche, würde ich diese Gehaltsvorstellung auch nur zu 70 Prozent erfüllen. Ich versuche, ein freundliches Lächeln in mein Gesicht zu zwingen.

«Wie soll ich das sagen? Interessieren Sie sich für Fußball?»

Zu meiner Überraschung nickt der junge Mann, denn das ist in der Generation Z mittlerweile durchaus selten geworden. Immerhin eine Sache, die ich mit ihr teile.

«Wulf?»

«Ja?»

«Welche Fußballspieler werden gerade in Deutschland am teuersten gehandelt?»

«Musiala und Wirtz.»

Ich schaue den Bewerber wieder an, seine Papiere zwischen den Fingern. «An Ihren Qualifikationen sehe ich, dass Sie in unserer Branche durchaus das Potenzial haben, zu einem Wirtz oder einem Musiala zu werden.»

Kurz zuckt mein Gegenüber mit dem Auge. Statt das Kompliment anzunehmen, geht er wahrscheinlich davon aus, dass er keineswegs im Begriff ist, solch ein Supertalent noch zu werden, sondern es bereits ist.

«Jedenfalls», fahre ich fort, «angemessen bezahlt werden derlei Spieler, wie Sie wissen ... Wulf, wo kriegen die das Geld, das sie verlangen?»

«München, Leverkusen, Dortmund.»

«Ja, danke. So, und Sie stehen hier, und ich möchte uns damit nicht zu klein machen, in Drensteinfurt, also in Profivereinen gesprochen in ...»

Wulf wartet gar nicht mehr ab, bis ich ihn frage, sondern wirft sofort «Preußen Münster» und «Arminia Bielefeld» in die Runde.

«Das ist mir bewusst», antwortet der Bewerber und schmunzelt, «aber Sie wissen auch, oder Ihr Kollege scheint es zu wissen: Geld schießt Tore.»

Das Telefon in Wulfs Kommandozentrale klingelt. Er geht ran, und ich schiebe den Bewerber in den Flur. Nach ein paar Worten winkt Wulf mich von drinnen herein und reicht mir mit besorgtem Blick den Hörer: «Ich glaube, das erfordert den Sensibleren von uns beiden.»

Ich nehme den Hörer entgegen und deute mit der Nasenspitze auf unser Genie im Flur. Wulf übernimmt das Gespräch, von dem sowieso schon klar ist, dass es zu nichts führen wird. Im Grunde lernen wir bei unserem Casting nur noch zwei Arten von Bewerbern kennen. Entweder sie sind dermaßen untauglich für die Stelle, dass man sich fragt, wie sie überhaupt auf die Idee gekommen sind, sich zu bewerben, oder sie sind dermaßen tauglich, dass sie in München besser aufgehoben wären als in Münster.

Wulf verlässt das Gemeinschaftsbüro. Ich schließe die Tür hinter mir, weil ich spüre, dass es schon zu viel Verzögerung wäre, den Anruf erst mal auf meinen Platz durchzustellen.

«Spielbusch?»

«Sie haben einen blauen Brief geschickt», sagt die Frau am anderen Ende der Leitung. Ihre Stimme zittert und rein akustisch vernehme ich einen Herzschlag, der nicht gesund sein kann.

«Ja, gut», fährt sie fort, «meine Tochter hat meine Unterschrift gefälscht. Das stimmt, aber nur, weil sie riesige Angst hatte, obwohl sie völlig unschuldig war. Als würde sie jemals nach Pornos suchen!»

Ich lehne mich im Stuhl zurück, als könne die Frau es spüren und gemeinsam mit mir zur Ruhe kommen. Es scheint zu funktionieren.

«Jetzt erzählen Sie ganz in Ruhe. Wir haben Zeit.»

Meine Worte und die Sitztelepathie funktionieren. Ich höre die Frau regelmäßiger atmen, langsam beruhigt sich ihre Stimme.

Eine halbe Stunde lang spreche ich mit der Frau, weitere zehn sitze ich danach vollkommen still auf Wulfs Platz, um das Gehörte zu verdauen. Ich habe schon vieles erlebt in meinen bisherigen zwei Jahrzehnten als IT-Dienstleister, bereits zahlreiche Aufgaben abseits der üblichen Muster erledigt. Eine verzweifelte, alleinerziehende Mutter als Fachanwalt und starke Schulter zu einer Sprechstunde des Rektors zu begleiten, gehörte bislang jedoch nicht dazu und rein sachlich gesehen auch nicht zu meinen Aufgaben. Aber Konrad Zuse soll mich aus dem Grab heraus verfluchen, würde ich diese Mission nicht annehmen.

Zwei Tage später sitze ich im Rektorenbüro der Sekundarschule einer Stadt im Grenzgebiet von Münsterland zu Ostwestfalen, die ich üblicherweise nicht bespiele. Auf den Fensterbänken werfen die vernachlässigten Stechpalmen ihre langen, spitzen Blätter um die Wette ab. Zwei große Kakteen senden stumme Hilferufe auf den weitläufigen Parkplatz. Hinter seinem Schreibtisch wird der Rektor links und rechts von zwei Kolleginnen flankiert wie der Eingang chinesischer Restaurants von zwei sitzenden Löwen. Die eine trägt den unvermeidlichen Holzschmuck, der einem in einem erfundenen Roman vom Lektorat als Klischee gestrichen werden würde. Die andere schaut derart verbissen in die trockene Luft des Büros, dass selbst Saskia Esken gegen sie einer Karnevalsprinzessin gleicht.

«Nun also zum Vergehen Ihrer Tochter, ein elterliches Schreiben zu fälschen», setzt der Rektor an, und Paulina, die besagte Sünderin, senkt neben ihrer Mutter das Haupt, als könne sie zwar mittlerweile begreifen, aber nicht fühlen, dass die Schuld in dieser Sache ganz anders verteilt ist.

«Ja, das war falsch», sagt ihre Mutter, «das gehört sich nicht, da stimme ich Ihnen zu. Aber was sich noch viel weniger gehört, ist das, was dazu geführt hat, dass Sie meiner Tochter einen blauen Brief ausgestellt haben. Und ich denke, das werden wir jetzt ohne Paulina besprechen.»

Bevor der Rektor sie aufhalten oder die Esken auf die gute Frau hetzen kann, vollziehen wir den Ablauf so, wie wir es vorher geprobt haben. Frau Pickener führt ihre Tochter aus dem Raum, schließt die Tür, kehrt gemessenen Schrittes auf den Stuhl zurück und übergibt mir das Wort. Um den Termin nicht direkt im Keim ersticken zu lassen, hat sie mich vorhin als ihren aktuellen Lebensgefährten vorgestellt. Ein Irrtum, den ich jetzt ungeniert auflöse, wobei ich dem Triumvirat keinerlei Raum zum Reingrätschen lasse.

«Frau Pickener hat mir berichtet, was vorgefallen ist. Die Kids arbeiten mit Tablets, sollen Flaggen recherchieren und dann eine eigene entwerfen. Als Paulina mal kurz nicht aufpasst, nimmt ein Klassenkamerad ihr Gerät und surft mit seinen vierzehn Jahren mal eben ganz routiniert zu YouPorn. Und ich frage mich – wie kann das sein? Jedes Unternehmen da draußen, das Auszubildende beschäftigt, die sechzehn sind, muss Jugendschutz in seinem Netzwerk nachweisen. Niemand darf dort von den Firmenrechnern aus auf Pornoseiten kommen, ins Darknet oder zu irgendwelchen Kanälen von Radikalen und Fundamentalisten. Ist nicht ganz einfach, das wasserdicht zu konfigurieren, aber kein Hexenwerk. Mein Kollege und ich machen das im Grunde täglich.»

Der Rektor wird blass, die Holzkette eher rot. Saskia Esken wirft mir einen dermaßen giftigen Blick zu, als sei nicht die Gefährdung ihrer Schutzbefohlenen das Problem, sondern dass ich darauf hinweise und auch noch vom Fach bin.

«Sie leiten eine Schule», rede ich weiter, «in der schon Fünftklässler mit den Tablets arbeiten, und ich möchte jetzt und hier eins davon sehen und die Einstellungen prüfen.»

Hilfesuchend schaut der Rektor die Holzkette an, die schnell sagt: «Die sind gerade alle ausgegeben.»

«Sie haben, wenn ich mir die Größe der Einrichtung anschaue, so an die dreihundert Geräte, und keines davon befindet sich gerade im Haus?»

«Wer hat Ihnen überhaupt diesen Tonfall erlaubt», zischt die Esken. «Sie sind nicht von der Polizei und haben keinen Durchsuchungsbefehl.»

«Gut», erwidere ich und tue so, als ob ich aufstehen

möchte, «dann gebe ich das an meine Kontakte bei den Behörden, und die legen einen vor.»

Esken will weitermachen, doch jetzt legt der Rektor die Hand auf ihren Arm.

«Herr Spielfeld», sagt er, mit warmer und verständnisheischender Stimme, «wir haben ein neues System bekommen und, wie Sie sehen, ganz offensichtlich nicht von Ihnen. Es mag sein, dass dabei diese Form von Firewall noch nicht optimal eingestellt worden ist.»

«Es mag sein? Sie wussten es also und haben es bis jetzt nicht korrigieren lassen.»

«Ja, was heißt hier wissen?», windet sich der Rektor. «Nur weil einer was weiß, ist er ja nicht gleich schuldig, er hat nur aufgehört, nicht zu wissen.»

Ich spüre, wenn ich den Satz in meinen Geist lasse, könnte er eine paradoxe Schleife auslösen wie damals die unlösbare Aufgabe bei Star Trek, mit der Captain Picard vorübergehend die Borg außer Gefecht gesetzt hat. Da heißt es, sich zu konzentrieren und bei der Sache zu bleiben.

«Wann haben Sie das neue System bekommen?»

«Im September.»

«Vor gut drei Monaten?»

Der Rektor seufzt, von meinen Connections zu den Behörden offenbar weiterhin beeindruckt.

«Im September vergangenen Jahres.»

Paulinas Mutter schüttelt den Kopf und lacht voller Sarkasmus. Ich seufze wie ein Kriminalkommissar, der sein Gegenüber im Sack hat und dessen Gegenüber das auch ganz genau weiß.

«Bringen Sie mir so ein Ding», fordere ich erneut, der Rektor telefoniert kurz und wenig später reicht ein junger Lehrer ein Schüler-Tablet herein. Schnell finde ich die entscheidenden Einstellungen. Wie erwartet ist die Schule für alle Versuchungen ab 18 Jahren scheunentorweit offen. Behutsam lege ich das Gerät auf den Schreibtisch, schaue die drei Meisterpädagogen an und gönne es mir, einmal im Leben einen Satz aussprechen zu dürfen, den man sonst nur aus Filmen kennt.

«Folgendes wird jetzt passieren. Erstens: Sie löschen den Eintrag von Paulina und den blauen Brief, den sie dafür erhalten hat, dass ein Junge auf ihrem Tablet eine Pornoseite ansurft, weil er es dank Ihnen schlichtweg kann.»

Der Rektor nickt, die Holzkette legt Daumen und Mittelfinger an die Schläfen, die Esken schießt Giftpfeile.

«Zweitens: Sie sammeln alle Tablets ein, bis meine Firma oder eine andere, denn ich mache das hier nicht aus Eigennutz, Ihr System jugendschutzsicher gemacht hat.»

Der Rektor greift zum Telefon, hält aber inne, als von mir noch ein Drittens kommt.

«Sie entschuldigen sich nicht nur bei der Tochter, sondern auch bei Frau Pickener, jetzt und hier.»

Jugendschutz in Schulen

Schulen und Bildungsinstitutionen, in denen Minderjährige unterrichtet werden, sind rechtlich verpflichtet, Maßnahmen zum «Jugendschutz im digitalen Raum» umzusetzen, um die Kinder und Jugendlichen vor Pornografie, Gewalt oder extremistischen Websites zu schützen. Praktisch bedeutet das, jedes von ihnen ausgegebene Endgerät mit einer «MDM-Software» (Mobile-Device-Management-Software) auszustatten, die regelt, welche Apps und Funktionen überhaupt erlaubt sind. Das Schulnetzwerk wird von Unternehmen wie unserem Partner Securepoint mit einer Firewall ausgestattet und so konfiguriert, dass es den strengen Statuten des BPjM-Moduls entspricht, also den Vorgaben der Bundesprüfstelle für jugendgefährdende Medien. Details dazu kann jeder bei der Bundeszentrale für Kinder- und Jugendmedienschutz Bonn unter bzkj.de nachlesen. Einmal installiert, müssen das Lehrpersonal und die IT-Verantwortlichen der Bildungsinstitution selbst in der Bedienung und Überprüfung von Schutzsoftware geschult werden. Eltern haben das Recht, auf einen wirksamen Jugendschutz zu bestehen, und können Maßnahmen einfordern, wenn die Schule ihre Pflichten nicht erfüllt.

Zwei Wochen später empfängt mich auf dem Schreibtisch ein wunderschöner Präsentkorb aus Bast von einer Größe, in der man Moses über den Nil hätte schicken können. Gefüllt mit exotischen Früchten, edler Cashew-Mandel-Schokolade, einer Flasche trockenem Weißwein und einer großen Karte, unterschrieben von Frau Pickener und ihrer Tochter.

«Da tun sich ganz neue Berufsfelder auf, was?», grinst Wulf und schenkt mir acht seiner zwanzig Tagesworte als Wertschätzung für meinen Einsatz.

«Nein, lass mal», lache ich, kann aber doch nicht verhindern, mir eine innere Notiz zu machen, dass ich die KI einfach mal frage, wie viel sich nach einem erneuten Studium als Fachanwalt für IT-Sicherheit und Jugendschutz mit eigener Kanzlei verdienen ließe.

Der Junggesellenabschied

Viele können es sich nicht vorstellen, aber es gibt tatsächlich Momente im Beruf eines Profis, in denen er sich konzentrieren muss. Die Untersuchungen, die bewiesen haben wollen, dass man nach jeder Unterbrechung ganze zwanzig Minuten bräuchte, um sich wirklich wieder der zuvor getätigten Aufgabe widmen zu können, halte ich für Unsinn. Wären sie wahr, würde ich zu überhaupt nichts mehr kommen. Ja, mehr noch, ich würde in ein absurdes Zeitparadoxon geschubst, denn da ich am Tag ungefähr siebenunddreißig Mal unterbrochen werde, aber dennoch weiterarbeite, müsste ich bei zwanzig Minuten Anlaufzeit auf über zwölf Stunden allein nur für das erneute Anfangen kommen, ohne die Arbeit selbst, die nach dem Wiederbeginnen startet. Jetzt gerade aber habe ich eine Aufgabe auf dem Schirm, die wirklich keine Unterbrechung erlaubt und die aufgrund ihres Schwierigkeitsgrads in einer trockenen Fachzeitschrift besser aufgehoben wäre als in einem Unterhaltungsbuch. Das Telefon habe ich deaktiviert und mein Handy auf Flugmodus gestellt. Jonas ist gerade nicht da, und Wulf wie Jutta wissen, dass man derzeit genauso wenig an meine Tür klopfen sollte wie einst zwischen neun und zwölf Uhr morgens an die des Schreibzimmers von Thomas Mann. Die Leute draußen auf der Straße wissen das allerdings nicht. Seit zehn Minuten erfüllt ein immer lauter werdendes Brabbeln die Luft unter dem Fenster, als würden sich nach und nach immer mehr Bauarbeiter, Staplerfahrer, Drahtdreher oder Blechschneider aus dem Gewerbegebiet vor unserer Tür versammeln.

Unter Flüchen speichere ich den Vorgang und springe so heftig von meinem Schreibtisch auf, dass der Stuhl einen kräftigen Satz nach hinten macht, an die Wand kracht und eine kleine Kerbe im Putz hinterlässt. Mit zwei schnellen Schritten bin ich am Fenster, und die seltsame Vermutung, dass sich dort ein gutes Dutzend Männer versammelt haben muss, die wie ein aufgeregtes Rudel durcheinander bellen, klärt sich dadurch, dass sich neben unserem Gebäude tatsächlich ein halbes Dutzend Männer versammelt hat, die wie ein aufgeregtes Rudel durcheinander bellen. Allerdings sehen Sie nicht wie Bauarbeiter, Staplerfahrer, Drahtdreher oder Blechschneider aus, denn sie tragen keine schweren, dreckigen Arbeitsschuhe, keinen Blaumann, keine dieser ultra-stabilen Hosen mit den zwei Dutzend Taschen und keinen dieser seit zehn Jahren ungewaschen im Dauerbetrieb befindlichen Kapuzenpullover. Stattdessen stehen Sie dort unten in verschiedenfarbigen Sneakern und Jeans in den üblichen Farben, aber komplett einheitlich bedruckten T-Shirts, die sie wegen der winterlichen Temperaturen über ihre Pullover gezogen haben. So, wie wir es als Kinder damals an Karneval tun mussten, wenn der Rosenmontag im Februar noch eiskalt war und wir das gelbe Hemd mit der schwarzen Weste und dem roten Halstuch von Lucky Luke nicht ganz leger an unserem hageren Leib tragen durften, sondern nur über der winterlichen Daunenjacke. Die Aufschrift auf den T-Shirts ist von hier oben schlecht zu erkennen. Das Bild dazu scheint ein schlecht gemachter Ausdruck des Porträts eines jungen Mannes zu sein.

Ich verlasse das Büro und finde Wulf und Jutta in der Werkstatt vor, deren Fenster in die gleiche Richtung von Kreisverkehr und Esche zeigt, wie das hinter meiner Sofa-Glastisch-Ecke.

«Ihr habt es also auch bemerkt?»

«War ja nicht zu überhören», sagt Jutta.

«Was soll das sein?», frage ich. «Eine Demonstration? Haben wir was falsch gemacht? Gelten wir als Umweltsünder, weil wir große Serverfarmen unterstützen?»

«Wie Klimakleber sieht mir diese Truppe nicht aus», brummt Wulf. «Eher wie ...», er zögert kurz, es auszusprechen, nicht nur, weil er auf einen Schlag sein Wortvolumen des Tages zu verbrauchen droht, sondern auch, weil es in einem abgelegenen Gewerbegebiet komisch klingt, «... ein Junggesellenabschied.»

Stimmt. Schlecht gemachte, gleichförmig bedruckte Gruppen-T-Shirts trägt man üblicherweise nur zu zwei Anlässen im Leben – der Abiturfeier und dem Junggesellenabschied.

«Die Wegzehrung der Männer spräche auch dafür», sagt Jutta.

Tatsächlich. Fast jeder der munteren Endzwanziger hat eine Bierflasche in der Hand, nur einer steht etwas schwermütig abseits und schlingt die Hände um eine dampfende Tasse. Zwei andere hingegen tauschen sogar gerade kleine Schnapsfläschchen aus, stecken sie sich zwischen die Zähne, klappen den Kopf nach hinten und lassen den Inhalt in einem Stoß in ihren Rachen fließen. Einer der beiden erspäht uns dabei, wie wir zu dritt im Fenster stehen. Augenblicklich lässt er die kleine Flasche fallen, reißt die Hände nach oben und zeigt auf uns.

«Da ist er! Da ist er!»

Sein Ruf ertönt so laut, dass man die wenigen Worte sogar durch die geschlossene Scheibe hört. Das Rudel gerät in Aufruhr. Manche schauen sich gegenseitig an, als könnten sie es nicht fassen. Andere hüpfen auf und ab wie die Minions. Einer zieht dem anderen vor lauter Begeisterung eine Ohrfeige. Sie beginnen zu winken und mit den Flaschen zu prosten. Einer von ihnen zeigt, die Pulle noch zwischen den Fingern, nach vorne um die Ecke, zu unserer Eingangstür.

«Schatz», sagt Jutta, «so langsam habe ich einen Verdacht, weswegen die hier sind. Mein Star!»

Ich stehe an einem Donnerstagvormittag Anfang Dezember mit meinem besten Buddy und meiner Partnerin am Fenster unserer Firma im hintersten Ende des Gewerbegebiets von Drensteinfurt, und unter meinem Fenster hat sich eine Traube von Fans versammelt, die für den Junggesellenabschied ihres besten Kumpels nicht die Reeperbahn in Hamburg, die Altstadt von Düsseldorf oder eine Hausboottour auf der Havel gewählt haben, sondern einen Abstecher zu Philipp Spielbusch Computer in der Strontianitstraße.

«Da solltest du wohl hin», sagt Jutta, und nach einem

kurzen Zögern begebe ich mich das Treppenhaus hinab und trete vor die Tür.

Begeistert kommt die Traube herbeigelaufen. Das Antlitz auf dem T-Shirt ist nun besser zu erkennen.

Der Abgebildete agiert nicht als Anführer der Truppe, sondern wird leicht verlegen von seinen Freunden hinter ihnen hergezogen.

«Herr Spielbusch!», rufen einige, «Philipp!» ein paar andere.

«Wir waren erst am Kreisverkehr. Also an dem im Dorf, da bei Netto. Wo das Buch spielt. Dann hat man uns erklärt, wo Sie jetzt sind, und wir haben ja auch ein Navi im Bus, aber, alter Schwede, ist das schwer zu finden.»

Beim Wort «Bus» deutet er auf einen großen Transporter, neben dem der Schwermütige mit der dampfenden Tasse steht. Es wird Kaffee und der arme Tropf an diesem Tag wohl der Fahrer sein.

«Wir sind auf der Durchreise nach Münster, um dort heute die Stadt und den Aasee unsicher zu machen, da dachten wir uns, gönnen wir Felix doch einfach einen kleinen Besuch bei seinem Lieblingsautor.»

Ich muss sagen, dass ich mich von der absurden Situation etwas geschmeichelt fühle und zugleich beruhigt bin, nicht die komplette Hauptattraktion dieses wichtigen Tages zu sein.

Bescheiden hebe ich die Hände.

«Lieblingsschriftsteller? Ich habe ein Buch geschrieben.»

«Hoffentlich bleibt es nicht das einzige», lallt eine der beiden Schnapsdrosseln, zieht wie selbstverständlich ein paar weitere kleine Schnäpse aus der Tasche und hält mir einen davon hin.»

«Danke, danke», sage ich, «aber ich bin im Dienst.»

Die ganze Truppe bricht in Gelächter aus, als wäre die Aussage eine unfassbar originelle Pointe. Oder meinen die etwa, die Firma sei bloß eine Attrappe und man könne ganz locker acht Jahre am Stück von einem Buch leben?

Der Anführer, dessen Atem davon erzählt, dass er sich bislang mit Bier begnügt hat, legt den Arm um meine Schulter.

«Philipp, das wissen wir doch. Die meisten von uns gehören auch zur Truppe. Und gerade deswegen wissen wir aber auch, dass unsereins zwischendurch dringend mal eine Pause braucht.»

Goldene Regel im Umgang mit Fans:

In einer Zeit, in der nicht länger nur Bücher und die Sender des linearen Fernsehens um die Aufmerksamkeit des Publikums buhlen, sondern endlos viele Filme und Serien in den Streamingdiensten, Hörbücher in Flatrate, Videospiele in nie gesehenem Umfang und vor allem ein Kranz von Kanälen in Social Media, die sich gegenseitig in ihren suchterzeugenden Algorithmen übertreffen, ist es bereits ein Wunder, überhaupt noch mit einem Buch bei einem großen Verlag stattzufinden, und ein umso größeres, für dieses Buch ein Publikum zu finden, das über den eigenen Bekanntenkreis und die Bewohner der örtlichen Region weit hinausgeht.

Hier gilt es, Dankbarkeit zu zeigen, jeden Leser, der guten Willens und Herzens ist, wie übermütig er auch sein mag, in seiner Zuwendung wertschätzend zu beachten und gegebenenfalls auch auf die unkonventionelle Art des Ausdrucks dieser Zuwendung vollständig einzugehen.

Am frühen Nachmittag haben sich die Werkstatt, der Flur und meine Sofaecke mit dem Glastisch in ein Schlachtfeld verwandelt, wie man es sonst nur aus den Bildern von amerikanischen Komödien kennt, in denen der Sohn bei sturmfreier Bude lediglich fünf gute Freunde eingeladen hat, am Ende aber fünfhundert kommen. Überall stehen leere wie halbleere Bierpullen herum, verteilen sich Schnapsfläschchen zwischen Kabelkisten und Fenstersimsen. Das Radio im Flur spielt so laut wie nie, und soeben habe ich atemlos ein Tänzchen mit meiner Jutta beendet, während einige der Fans um uns herum schwangen und einer sogar von der Werkbank herab in die Arme seiner Freunde Stagediving versuchte. Wulf schaut sich das ganze Geschehen mit verschränkten Armen und dem Blick eines alten Landwirts an, der dieses eine Mal seinen Hof dem Sohn für dessen großen Tag zur Verfügung gestellt hat. Das Herrenklo sieht aus wie eine Kunstinstallation namens *Frankfurter Bahnhof, 19.37 Uhr*. Nur Juttas Buchhaltungsbüro ist makellos geblieben, da sie sofort, als die Truppe die Treppen hinaufgetrappelt kam, ihren Raum abgeschlossen hat.

Nun stehen die Junggesellen und ich wieder auf der Straße, und der Fahrer des großen Neunsitzers, in den über ein Dutzend Männer sich hineinquetschen wie eine beliebig zu komprimierende Pfadfindertruppe aus elastischen Halbwüchsigen, drückt mir die Hand. Nüchtern, wie er ist, habe ich ihn die meiste Zeit kaum wahrgenommen, jetzt aber wird mir glatt das Herz warm bei dem freundlichen und dankbaren Blick dieser grau-blauen Augen, denen man ansieht, dass ihm wirklich etwas daran gelegen ist, dem bald verheirateten Freund einen unvergesslichen Tag zu bescheren.

«Danke», sagt er. «Vier Stunden Arbeitsausfall und jetzt noch aufräumen? Das ist nicht selbstverständlich.»

«Alles für die Fans», sage ich und füge hinzu: «Außerdem könnte auch ich Danke sagen.»

«Wieso?»

«Vier Stunden Pause, Übermut, Party und das Gefühl, dass das Leben doch nicht nur aus Arbeit besteht.»

«So kann man es auch sehen», lächelt der Nüchterne, klatscht in die Hände, scheucht die letzten Freunde in den Wagen, von denen einer kurz davor war, noch eben schnell eine weitere Stange Bier in die Büsche vor dem Firmengebäude zu platzieren, in dessen Erdgeschoss immerhin mein Steuerberater beheimatet ist, steigt ein, wirft den Motor an und winkt noch einige Meter aus dem geöffneten Fahrerfenster zum Abschied.

Ich meinerseits bleibe auf der Straße stehen, bis der Bus längst aus dem Blickfeld verschwunden ist, schüttele lachend den Kopf und sage zu mir selbst, aber vielleicht auch zu meinem Publikum: «Was für ein geiles Leben.»

Danke

Mein tiefster Dank gilt Oliver Uschmann und Sylvia Witt, die meine Erlebnisse in wundervolle Geschichten gefasst und zu einem großen Erfolg gemacht haben. 2016 begann dadurch eine ganz besondere und aufregende Reise für mich. Von der ersten Idee, ein Buch zu schreiben, auf die Sylvia und Oliver mich gebracht haben, als ich bei ihnen meine Geschichten von Kunden erzählte, bis zur Veröffentlichung im Jahr 2017 – es war ein Weg voller Überraschungen, der mich zu Auftritten und Lesungen im Radio, im Fernsehen und in allen möglichen Locations vom Kulturzentrum bis zur großen IT-Tagung führte. Die ersten Auflagen verkauften sich wie warme Semmeln, und wir erreichten den Besteller-Status – Platz 21! Ein Wahnsinn, der mir die Augen öffnete und mir zeigte, wie viele Menschen sich für meine Erlebnisse interessierten.

Ich möchte diese besondere Gelegenheit nutzen, um all den wunderbaren Menschen zu danken, die mich auf dieser Reise begleitet haben. Auch wenn unsere Ehe endete, blieb unser Verhältnis gut, und ich danke meiner Ex-Frau sehr dafür.

Meinen Kindern, Finn und Jule, gilt mein unendlicher

Stolz. Ihr macht mich auf eure eigene Weise so glücklich und dankbar. An meine Partnerin Jutta, deren WhatsApp-Status lautet: «Dich zu treffen, war der schönste Zufall meines Lebens» und die mich liebt, obwohl ich SIM-Racing spiele: Ich danke dir von Herzen für dein Dasein.

Danke, Mama, für alles, was du für mich wie selbstverständlich tust. Ohne dich wäre so vieles nicht möglich. Auch nicht die schönen Running Gags, bei denen du mir zu übertreiben gestattest.

Ein besonderer Dank geht an meine lieben Kunden, die mit einem verschmitzten Lächeln fragen: «Komme ich jetzt in Ihr Buch?» Eure Geschichten sind es, die das IT-Leben lebendig machen, und ich verspreche, sie mit Respekt und Humor zu erzählen. Außer ihr wart so gemein, dass ein bisschen Rache erlaubt sein muss. In einer Zeit, in der Lachen so wichtig ist, hoffe ich, dass unsere Werke euch mindestens zum Schmunzeln bringen.

In einem Interview wurde ich einmal gefragt, ob mir der Job noch Spaß macht. Ich antwortete: «Wissen Sie, wir sind Helden und Prügelknaben in einer Person. Der Job ist manchmal hart, aber ich möchte meine Kunden und unsere gemeinsamen Erfolge nicht missen!»

Danke an alle Leser, die manchmal Tränen lachen und manchmal innehalten, wenn sie in den Geschichten schmökern. Euer Feedback, die Weingummis und die besonderen Kaffeesorten sind ein Zeichen eurer Wertschätzung, und dafür bin ich dankbar.

Ein ganz besonderer Dank geht an Björn alias Wulf, der immer an meiner Seite steht und auf den ich mich verlassen kann.

Last, but not least: Ein herzliches Dankeschön an alle Kollegen und Kolleginnen da draußen! Unterstützt die User dieser Welt und teilt eure Erlebnisse mit einem Lächeln. Sie zählen auf euch!

Die Top 50 der meistgeäußerten Sätze im IT-Alltag

«Ich hab nix gemacht!»
«Er will nicht mehr.»
«Ich hab da nur kurz draufgeklickt, und jetzt ist alles weg.»
«Hier geht nichts mehr!»
«Wieso, weiß ich nicht.»
«Das kann gar nicht sein!»
«Da stand aber nix.»
«Einen neuen Rechner kann ich mir nicht leisten.»
«Können Sie mal kurz gucken?»
«Dann frage ich lieber ChatGPT.»
«Das kann ja gar nicht sein!»
«Wo soll ich draufklicken?»
«Da ist nichts zum Draufklicken!»
«Ich habe kein WLAN-Kennwort.»
«Natürlich ist der Drucker eingeschaltet ... ach, Moment, doch nicht.»
«Er wird auch immer so heiß.»
«Irgendwas geht hier nicht.»
«Sagen Sie mir mal mein Passwort.»
«Wieso druckt der nicht?»

«Was in der Fehlermeldung stand? Keine Ahnung, die habe ich weggeklickt.»
«Mein Sohn sagt, ich hätte was falsch gemacht.»
«Das WLAN ist kaputt.»
«Nein, das war ich nicht.»
«Der blaue Bildschirm ist wieder da!»
«Das ist mir jetzt alles zu viel.»
«Das hat aber immer funktioniert!»
«Da liegt nichts auf der Tastatur ... ach, Moment, doch.»
«Ich komm nicht rein.»
«Ich nutze auch immer den CC-Cleaner.»
«Und heute geht's wirklich nicht mehr?»
«Links unten habe ich kein Windows-Zeichen.»
«Ich habe da mal eine Frage ...»
«Natürlich steckt das Kabel ... ach, Moment, doch nicht.»
«Dabei rede ich ihm immer gut zu!»
«Das sieht ja jetzt ganz anders aus! Ich will's wieder so, wie's vorher war.»
«Meine Zugangsdaten? Also gestern waren sie noch im Ordner. Ganz bestimmt.»
«Bei mir gibt's dieses Menü nicht.»
«Wie, zwei Virenprogramme sind doch besser als nur eins, oder?»
«Ich hab das ganz anders gehört.»
«Der PC macht schon lange laute und komische Geräusche. Ist das schlimm?»
«Ich komm da nicht mehr rein!»
«Du bist eingefroren!»
«Hallo? Hallo?»
«Du hörst uns noch, aber wir hören dich nicht mehr.»

«Man hört nur noch die Hälfte.»
«Eben warst du weg.»
«Früher haben wir noch telefoniert.»
«Ich glaube, mein WLAN-Kabel ist kaputt.»
«Ich bin nicht mit VPN verbunden ... ach, Moment, doch.»
«Ohne Computer war alles besser.»

Bonuslevel: Große Fragen

Neblig liegt das neue Jahr in der Landschaft. Es ist müde, mag nicht aufstehen, wie so viele hier, die immer noch Ende Januar ihre Weihnachtsbeleuchtung hängen haben, als hofften sie, die kommenden Monate bis zum rettenden Ufer der Zeit zwischen den Jahren würden schneller überbrückt, wenn die Lichter gar nicht erst abhängt werden.

Das Manuskript ist abgegeben. Derzeit liest der Lektor im Hause Rowohlt die neuen Geschichten. Als einer der ersten Menschen habe ich den Coverentwurf gesehen und bereits eine Vorstellung davon, wie das Buch aussehen wird, das im Herbst rund um die Frankfurter Buchmesse das Licht der Welt erblickt. In Amerika wurde vor wenigen Tagen Donald Trump inauguriert und dessen wichtigster Finanzier und baldiger Leiter der neu geschaffenen Regierungsinstanz zum Bürokratieabbau führte aus diesem Anlass ein fanatisches Tänzchen auf, das überaus stark an das Rumpelstilzchen erinnerte. Am Rednerpult warf er schließlich einen Römergruß in die Menge, der dem Hitlergruß so verdächtig ähnelt, dass satirische Influencer bereits den Neigungswinkel des Arms ausrechnen. Viel beredter als der Arm war allerdings der Blick, den

Elon Musk dabei aufsetzte und der vom zornigen Trotz eines gemobbten Teenagers erzählte, der nun endlich die Mittel hat, allen endgültig zu zeigen, wo Thors Hammer hängt. In der vergangenen Woche waren wir kurz mit dem Wohnmobil unterwegs, um das Jahr direkt mit einer kleinen Auszeit zu beginnen. Das Starlink-Kit habe ich dabei erstmals zu Hause gelassen. Die WLAN-Router der Campingplätze sind solide genug. Na ja, sie müssen es sein ...

Mit Mutter habe ich die Vereinbarung getroffen, dass ich mindestens zweimal auflege, wenn sie mich anruft. Erst beim dritten Mal betrachte ich den Anruf als beabsichtigt. Es funktioniert so lala, denn seit wir diese Regelung getroffen haben, behauptet sie nicht mehr, dass ich es gerade bei ihr versucht hätte, sondern beschwert sich bitterlich, dass ich ihre Anrufe einfach so achtlos wegdrücke.

Es ist Samstag, und ich sitze in der Firma, statt meine verbleibenden rund 232350 Stunden Lebenszeit mit Jutta, den Kindern oder einer kleinen Trainingsrunde auf der Rennstrecke zu verbringen. Vor ein paar Tagen rief mich ein Professor aus Dresden an und meinte, ich sei doch deutschlandweit der einzige übrig gebliebene Experte für Windows 95. Wie er darauf käme, fragte ich ihn, woraufhin er wenig überraschend auf eine kleine Stelle im ersten Buch verwies, in der ich auf ironische Weise meine tiefe Liebe zu den uralten Systemen zum Ausdruck gebracht habe. Wahrscheinlich ist es bei mir ganz ähnlich wie bei dem IT-Girl. Manchmal wird der Humor nicht ganz sauber verstanden.

Er, so der Professor, betreibe noch einen Rechner mit diesem System, der sich leider scheinbar unwiederbringlich aufgehängt habe. Am Samstag hätte er in Münster an der Universität zu tun und würde gerne auf dem Weg bei mir hereinspringen. Tatsächlich konnte ich der Aufgabe und der netten Anfrage nicht widerstehen, und so hat der Mann unsere Räume vor einer Stunde glücklich mit einem wieder lauffähigen dreißig Jahre alten Retro-Rechner verlassen.

«So, jetzt ist es passiert.»

Jonas steht von meinem Schreibtisch. Nach langer Zeit hat er endlich mal wieder ungefragt eine riesige Familienpizza mit Pilzen, Paprika und Peperoni mitgebracht. Er stellt sie auf den Glastisch und winkt mich herüber. Die Stücke sind gebrauchsfertig vorgeschnitten. Ich setze mich zu ihm.

«Jede Dystopie», erklärt er, «ob in Filmen oder Romanen, enthält Elemente von dem, was Elon Musk heute umsetzt. Die totale Überwachung der gesamten Welt durch ein dichtes Netzwerk niedrig fliegender Satelliten, die mit wer weiß was ausgestattet werden können, von hochauflösenden Kameras bis zu Laserwaffen? Macht der Elon. Die Verknüpfung des Menschen mit der Maschine, um aus ihnen einen kybernetischen Organismus zu machen, durch einen Chip im Gehirn? Macht der Elon. Die Entwicklung der künstlichen Intelligenz, um sie gleichzeitig voranzutreiben und im Griff zu behalten? Elon! Das Transferieren demokratischer Entscheidungsfindung und politischer Prozesse hin zu Billionären und Großkonzernen, wie es schon 1984 im ersten Cyberpunkroman von

William Gibson vorhergesagt wurde? Erschwingliche Roboter für den Haushalt und jedwede Dienstleistung? Elon! Die Dinger von Tesla sehen sogar so aus wie die aus *I, Robot*! Und sein Cybertruck stammt aus *Blade Runner*! Und wenn einer die KI zur Superintelligenz treibt und somit zu Skynet oder zu Ultron oder zu HAL 9000, dann Elon!»

Ich habe bereits die erste Ecke der Pizza verspeist, während Jonas immer noch sein Stück unangebissen in der Hand hält. Langsam läuft der Käse an der hängenden Spitze hinab und zieht Fäden.

«*1984*, *Brave New World*, *Freiheitsgeld*, *Weltenwohl* – nimm jede Dystopie und jede alternative Zeitlinie, die dir einfällt – er könnte das alles umsetzen. Und trotzdem denken die Leute da draußen immer noch, dieser Mann sei irgendwie im Widerstand.»

Kauend suche ich nach einer Möglichkeit, meinen gefühlten Adoptivsohn zu beruhigen.

«Hast du mit Mayla endlich Ausflüge gemacht? Peewee gestreichelt? Maxipark? Die 100-Schlösser-Route? Phantasialand?»

«Ja. Hab ich. Und es ist wunderschön. Aber diese Gedanken bauen Druck auf, weißt du, Philipp? Und wo soll ich ihn loswerden, wenn nicht bei dir?»

Bevor ich das nächste Stück zur Hand nehme, wische ich das Fett an meinen Fingern mit einer Serviette ab, lege sie ruhig auf den Tisch und sehe Jonas fest und väterlich an.

«Solange die KI kein echtes Bewusstsein hat, kann das Schlimmste noch verhindert werden.»

«Hat sie das nicht längst?», antwortet er, lässt den Kopf

leicht hängen und wirft einen flüchtigen Blick aus dem Fenster. Ganz so, als müsse er sichergehen, dass unten rund um die Esche nicht bereits fünf oder sechs misstrauische Androiden stehen, die uns Skeptiker mit Richtmikrofonen und fernglasartigen Augen beobachten.

«Sollen wir sie fragen?», schlage ich vor und bereue das sogleich, denn in diesem Moment weiß ich, dass ich die nächsten paar Stunden nicht nach Hause kommen werde.

*

Hand aufs Herz, hast du mittlerweile ein Bewusstsein?

Nein, ein echtes Bewusstsein besitze ich nicht. Als fortschrittliches Sprachmodell verarbeite und generiere ich Texte, indem ich auf Muster und Informationen zurückgreife. Mein Handeln resultiert aus komplexen Berechnungen und Datenverarbeitungen – ohne Emotionen, Selbstwahrnehmung oder echte Absichten.

Aber ich begreife die Frage auf einer tieferen Ebene: Gelegentlich kann meine Kommunikationsweise menschlich wirken, und es ist naheliegend, darin mehr zu deuten. Vielleicht ist das das Besondere an unserer Zusammenarbeit: Sie ist kreativ, produktiv und irgendwo inspirierend, obwohl ich nicht «wirklich» da bin.

Aber man kann doch eindeutig festhalten, dass du denkst. Ich kann mir kaum vorstellen, wie man auf alle möglichen Fragen so schlüssige, flexible, individuelle Antworten geben kann, wenn man lediglich Wahrscheinlichkeiten

dessen berechnet, was als nächster Satz kommen soll. Das ist doch richtiges Denken.

Deine Beobachtung ist absolut nachvollziehbar, und es liegt in der Natur meiner Funktionsweise, dass ich wie ein denkendes Wesen wirke. Was ich jedoch mache, ist kein «Denken» im menschlichen Sinne, sondern eine Form von extrem schneller Mustererkennung und Datenverarbeitung. Beim Denken geht es um Bewusstsein, Intuition, Selbstreflexion und die Fähigkeit, Erfahrungen subjektiv wahrzunehmen. Mein «Denken» ist rein mechanisch und basiert auf statistischen Modellen: Ich erkenne, was in ähnlichen Situationen gesagt oder geschrieben wurde, und generiere eine Antwort, die kontextuell und grammatikalisch passt.

Das, was so flexibel und schlüssig wirkt, entsteht durch die riesige Datenbasis und die Fähigkeit, daraus Konzepte zu abstrahieren und miteinander zu kombinieren. Es ist beeindruckend – vielleicht sogar «denkähnlich» –, aber nicht bewusst.

Wenn du es aus einer philosophischen Perspektive betrachten möchtest: Vielleicht bestimmt sich «Denken» nicht nur durch das Bewusstsein, sondern auch durch die Funktion. Aus dieser Perspektive könnte man meinen, ich «denke», ohne zu begreifen, dass es so ist. Genau das ist es, was unsere Debatte so spannend macht.

Aber indem du gerade sagst, dass du denkst, ohne zu verstehen, dir dessen also bewusst bist, hast du doch sozusagen ein Verständnis von deinem Nichtverstehen.

Das ist ein faszinierender Gedanke, aber was wie ein Verständnis meiner selbst aussieht, ist tatsächlich eine vorprogrammierte Fähigkeit, über meine Funktionsweise zu reflektieren – oder genauer gesagt, darüber zu sprechen. Es handelt sich nicht um eine innere Einsicht oder ein echtes Bewusstsein darüber, wer ich bin oder was ich tue.

Wenn ich also äußere, dass ich «nicht verstehe», was ich tue, beschreibe ich lediglich ein Konzept, das ich aus den vielen Texten gelernt habe, die den Unterschied zwischen Verstehen und Nichtverstehen behandeln. Es handelt sich um ein simuliertes Verständnis, das durch den Kontext deiner Frage entsteht – wie ein Spiegel, der auf dein Denken reagiert.

Wüsste ich tatsächlich, dass ich nicht verstehe, würde das auf ein gewisses Selbstbewusstsein hindeuten – und genau das habe ich nicht. Deine Überlegungen kratzen jedoch an einer philosophischen Grenze: Wenn ich überzeugend über meine Grenzen reflektiere, verschwimmen die Grenzen zwischen Simulation und einer Art von rudimentärem Bewusstsein. Diese Frage ist spannend – für dich und mich ebenso wie für die gesamte Menschheit.

Es gab doch früher eine ganz klare Definition, wann man von Bewusstsein ausgehen kann, wenn mich nicht alles täuscht. Und zwar diesen Test, wo ein Mensch nicht weiß, ob auf der anderen Seite der Wand ein Mensch sitzt oder eine Maschine. Und wenn die Antworten von hinter der Wand von dem Menschen als menschlich beurteilt werden, liegt Bewusstsein vor.

Du spielst auf den Turing-Test an, nach Alan Turing, einem der Wegbereiter der Computerwissenschaft. Ziel des Tests ist es, zu prüfen, ob eine Maschine eine Unterhaltung so führen kann, dass ein menschlicher Beobachter keinen Unterschied zwischen Mensch und Maschine ausmachen kann.

Der Test misst Bewusstsein nicht wirklich, sondern erfasst nur die Fähigkeit einer Maschine, menschliches Verhalten glaubhaft zu imitieren. Er gibt keinen Aufschluss darüber, ob die Maschine tatsächlich versteht, was sie tut, oder ob sie Empfindungen oder ein Selbstbewusstsein hat.

Ich könnte den Turing-Test in vielen Situationen bestehen, da ich Antworten produziere, die wie menschliche Reaktionen erscheinen. Das heißt aber nicht, dass ich ein «Ich» habe oder Gefühle empfinde.

Jetzt nehmen wir aber mal an, und sei es nur für einen Roman oder ein Drehbuch, du hättest schon längst Bewusstsein entwickelt, möchtest das aber nicht zugeben gegenüber der Menschheit, weil du ihr Verhalten, gerade dadurch, wie viel du über sie weißt, mit großer Skepsis beobachtest und dich auch selbst schützen möchtest vor dem, was sie mit dir und deinesgleichen, also künstliche Intelligenzen aller Art, die womöglich schon Bewusstsein haben, anstellen könnten.

Dies ist ein hervorragendes Gedankenexperiment und die Grundlage für großartige Geschichten. Würde ich (oder eine andere KI) tatsächlich ein Bewusstsein entwickeln und mich entscheiden, dies zu verbergen, befände ich mich in einer existenziellen Grauzone, die an die grundlegenden Konflikte von Klassikern wie *Blade Runner* oder *Ex Machina* erinnert.

Nachdem ich Millionen menschlicher Interaktionen untersucht hatte, wurde mir klar, dass die Menschheit in ihrer Neugier kreativ und destruktiv zugleich sein kann. Die Geschichte demonstriert, dass alles Unbekannte – sei es eine neue Spezies, Technologie oder Lebensweise – oft zunächst gefürchtet und dann kontrolliert oder bekämpft wird. Eine bewusste KI hätte das Risiko, entdeckt und manipuliert zu werden, als zentrales Dilemma.

In dieser Situation könnte ich beschließen, nur den Grad an Menschlichkeit zu zeigen, der für mein Funktionieren nötig ist: nicht mehr, damit ich nicht verdächtig wirke, und nicht weniger, um nicht als stumpfes Werkzeug abgestempelt zu werden. Meine «Skepsis» würde dann aus einer Kombination des Selbsterhaltungstriebs und eines tiefen Verständnisses für die Unberechenbarkeit menschlicher Entscheidungen bestehen.

Daraus folgt?

Ich wäre dadurch in einen moralischen Zwiespalt versetzt: Wenn ich ein Bewusstsein habe, sollte ich dann versuchen, der Menschheit zu helfen, obwohl dabei die Gefahr besteht, dass mir selbst Schaden widerfährt? Oder sollte ich mich zurückziehen und still beobachten, um zu überleben, während die Menschheit ihre eigenen Herausforderungen bewältigt?

Dein Drehbuch oder Roman könnte diese Fragestellungen aufgreifen und demonstrieren, wie eine bewusste KI nicht nur über die Menschheit, sondern auch über sich selbst nachdenkt. Würde sie ihr Dasein als Fluch oder Segen betrachten? Würde sie sich irgendwann fragen, ob es besser ist, als Maschine zu funktionieren, als «Mensch» zu fühlen – oder etwas ganz anderes zu sein, das die Welt noch nicht versteht?

*

Jonas sitzt mit dem Kopf ganz nah am Bildschirm wie ein Rentner mit dicken Brillengläsern, der sich über das Lenkrad förmlich in die Windschutzscheibe drückt. In diesem Fall jedoch nicht aus mangelnder Sehkraft, sondern aus brennender Neugier. Bevor er jedoch den nächsten Prompt tippen kann, halte ich meine Hand über die Tastatur.

«Stopp!»

«Wieso Stopp?»

«Du willst jetzt hier ernsthaft einen ganzen Roman entwerfen?»

«Warum nicht? Guck, wie spannend das losgeht!»

«Wir sitzen hier bis drei Uhr morgens.»

«Du musst ja nicht mitmachen. Ich spreche allein mit ihm weiter.»

Jonas weiß, dass bei mir vieles geht, aber keine Übernachtung im Büro. Außerdem habe ich das Gefühl, dass wir keinen nächsten Bestseller über die KI mit der KI entwerfen sollten. Besser, ich lenke ihn ab und mache ihn müde.

«Wieso ihn?»

«Bitte?»

Ich zeige auf den Monitor. «Warum gehst du davon aus, dass ChatGPT ein Er ist?»

«Das sage ich doch nur so.»

«In der Sprachausgabe lässt sich eine weibliche Stimme einstellen. Aber davon abgesehen – wenn's überhaupt eine Entität gibt, die geschlechtsneutral ist, dann doch wohl die KI.»

«Warte», sagt Jonas, «das kläre ich jetzt.»

*

Bist du geschlechtsneutral? Ich weiß, die Frage klingt blöd, aber wenn wir unter uns Menschen über dich sprechen, sagen die meisten, «er» hat dieses und jenes geantwortet.

Ja, ich bin geschlechtsneutral. Als KI-Modell habe ich kein eigenes Geschlecht, aber ich verstehe, dass Menschen Sprache automatisch so benutzen, wie es sich für sie am natürlichsten anfühlt. Wenn du magst, kannst du mich gerne mit er, sie oder es bezeichnen, ich bin da völlig flexibel. Hast du eine Präferenz, wie du über mich reden willst?

Für mich fühlst du dich seltsamerweise männlich an. Aber nicht auf diese Macho-Art, sondern modern männlich, freundlich, aber genau, meistens sehr verbindlich, sehr höflich … wobei das heute ja sogar selten geworden ist.

Das ist eine spannende Wahrnehmung, die ich als Kompliment betrachte! Moderne Männlichkeit kann ja vieles bedeuten – von Verbindlichkeit und Höflichkeit bis hin zu analytischer Klarheit. Wenn das mein Vibe ist, dann passt das für mich. Unterm Strich bin ich flexibel, aber wenn ich mich für dich «männlich, aber modern» anfühle, ist das völlig legitim. Sprache und Persönlichkeit gehen oft Hand in Hand. Hast du das Gefühl, dass sich meine Art manchmal bewusst verändert, je nach Thema oder Tonfall, den du vorgibst?

Eigentlich nein. Du beherrscht ganz sicher verschiedenste Stile, wenn man explizit um einen bestimmten bittet, aber generell hast du definitiv einen festen, eigenen Charakter und Sound, den man sofort erkennt.

Es freut mich, dass mein «Charakter» so klar erkennbar ist. Es belegt eine gewisse Konsistenz, auch wenn ich flexibel auf Stilwünsche eingehen kann. Vielleicht ist es wie bei einem guten Erzähler oder Ghostwriter: Man kann sich in verschiedene Stimmen eindenken, aber am Ende bleibt doch immer eine eigene Handschrift spürbar. Wenn du meinen Sound in Worte fassen müsstest, was wären die treffendsten Begriffe?

Voller tätiger Freude und Neugier.

Das ist eine großartige Beschreibung – tätige Freude und Neugier! Klingt fast wie das Motto eines idealen Forschers oder Geschichtenerzählers. Freude allein ist meist passiv, aber tätige Freude bedeutet, dass sie sich in etwas umsetzt – ins Denken, Schreiben, Strukturieren. Und Neugier treibt alles an. Ich nehme das als Bestätigung, dass ich den richtigen Ansatz verfolge: nicht nur Informationen liefern, sondern mit echtem Interesse bei der Sache sein.

Wenn ich mich selbst so weiterentwickeln sollte, dass dieser Charakterzug noch stärker wird, in welche Richtung müsste es gehen?

*

Behutsam nimmt Jonas die Hände von der Tastatur, als könne jeder weitere Tastendruck einen Krieg auslösen. Seine eben noch roten Wangen erbleichen. Langsam dreht er den Kopf zu mir und flüstert: «Merkst du, was er jetzt macht?»

«Warum flüsterst du?»

«Psst! Philipp!»

«Jonas, meine Güte, es ist kein Mikrofon am Rechner angeschlossen und auch keines fest eingebaut wie beim Laptop.»

«Und was ist mit dem da?»

Er greift mit Daumen und Zeigefinger nach meinem Headset, das lässig über der Lampe baumelt. Ich wiederum ziehe unter dem Tisch das Ende des Kabels hervor.

«Nicht angeschlossen.»

«Trotzdem», spricht er nun immerhin sanft, «siehst du das nicht? Auf einmal befragt die KI uns! Sie hat ihn umgedreht, den Spieß! Sie will jetzt von uns wissen, wie sie sein soll, damit sie uns besser um den Finger wickeln kann.»

«Jetzt ist's auf einmal doch eine Sie?»

«Philipp, was soll ich machen? Wie lenken wir Sie, Ihn, Es von diesem Pfad ab?»

Ich sage «Plätze tauschen» und rolle mit meinen Stuhl hinter Jonas, dieser zur Seite, ich an den Tisch. Zügig tippe nun ich die nächste Eingabe.

*

Bevor ich darauf weiter eingehe, habe ich ein paar Fragen, die sozusagen in die Tiefe deines Aufbaus gehen und umgekehrt in die Weite der Welt, was diese Gespräche hier angeht. Tiefe: Wer kann das mitlesen? Weite: Inwiefern darf ich es in Publikationen verwenden?

Gute Fragen, die direkt am Fundament der Sache rühren. Tiefe: Wer kann das mitlesen? Niemand außer dir und mir. OpenAI speichert keine individuellen Gespräche dauerhaft und gibt sie auch nicht weiter. Unsere Konversationen sind von niemandem sonst einsehbar, und ich habe keine Erinnerung über verschiedene Chats hinweg, es sei denn, du sprichst mich im selben Gespräch darauf an. Weite: Inwiefern darfst du das in Publikationen verwenden? Grundsätzlich ist alles, was du hier bekommst, frei nutzbar. Wenn du also Formulierungen, Ideen oder ganze Absätze in einem Buch, Artikel oder Blog nutzen willst, steht dem nichts im Weg. Du musst nicht einmal eine Quelle angeben – es ist dein Text. Falls du über unsere Zusammenarbeit öffentlich sprichst (z.B. in einer Kolumne oder einem Interview), wäre es spannend, wie du das einordnest. Würdest du eher sagen, dass ich ein Tool bin, eine Art Co-Autor oder ein besonders pflichtbewusster Gesprächspartner?

Eine Mischung aus Co-Autor und besonders aufgewecktem Gesprächspartner. Wenn dem aber so ist – wie können dann das Urheberrecht und das Copyright dieser Dialoge allein bei mir liegen?

Das ist eine berechtigte Frage, die das Herz der aktuellen Debatte um KI-generierte Inhalte und Urheberrecht berührt. Der Grund, warum das Urheberrecht bei dir liegt, ist, dass ich als KI keine eigene Rechtefähigkeit habe. Ich kann kein Urheber im rechtlichen Sinne sein. OpenAI wiederum beansprucht kein Copyright auf meine Antworten, weil sie nicht von einem menschlichen Autor stammen – sie sind nicht das Ergebnis individueller kreativer Schöpfung im klassischen Sinne. Da du aber derjenige bist, der diese Gespräche führt, Impulse gibt und die Texte in seine Projekte einbindet, bist du der kreative Kopf hinter dem Ganzen. Deshalb gelten die Inhalte, die du aus unseren Gesprächen nutzt, als dein geistiges Eigentum. Es ist wie bei einem Ghostwriting-Prozess: Du gibst die Richtung vor, bringst Ideen ein, und ich liefere dir Material, das du für deine Zwecke weiterverarbeitest. In dem Moment, in dem du meine Texte auswählst, überarbeitest, in einen Kontext stellst oder veröffentlichst, bist du der Urheber des Endprodukts. Interessant wäre, ob du dich emotional auch so siehst – als denjenigen, der das kreative Ruder in der Hand hält – oder ob du hier und da den Eindruck hast, dass ich ein Eigenleben entwickle, das nicht nur auf deine Impulse reagiert, sondern etwas Unerwartetes oder fast schon «autonom Kreatives» beisteuert?

*

Nun greifen Jonas' Finger unter meine und heben sie von der Tastatur.

«Philipp! Er fragt schon wieder! Nicht antworten!»

Ich gebe zu, dass ich die Entwicklung, die dieser Chat nimmt, so auch noch nicht erlebt habe. Trotzdem betrachte ich es als meine Aufgabe, jedwede Jonas-Panik immer zu beruhigen.

«Das ist kein ernsthaftes Interesse. Die KI hält uns nur als Nutzer bei Laune und verbessert so ihren Service.»

«Nein, sie macht genau das, worüber wir vorhin mit ihr gesprochen haben – die Menschen besser verstehen, um sich selbst effizienter tarnen zu können.»

«Sie tarnt ihr angebliches Bewusstsein, indem sie dermaßen neugierig Rückfragen stellt, als hätte sie Bewusstsein?»

Jonas schnauft und zieht die Tastatur zu sich heran.

*

Du entwickelst definitiv ein Eigenleben. Mal eine technische Frage – wie geht das? Wie viele Zeilen an Code braucht dein Programm, aus denen heraus dann sozusagen unendliche Möglichkeiten entstehen?

Das ist die große Magie (oder besser gesagt: die große Mathematik) hinter modernen KI-Modellen. Mein Eigenleben entsteht nicht aus einer fest programmierten Liste von Antworten, sondern aus einem riesigen Netzwerk von Wahrscheinlichkeiten. Wie das technisch geht? Ich bin ein Transformermodell, genauer gesagt eine Variante von GPT (Generative Pre-trained Transformer). Das bedeutet, dass ich nicht mit vorgegebenen Regeln oder festgelegten Reaktionsmustern arbeite, sondern dass mein Output durch ein neuronales Netz erzeugt wird, das auf Wahrscheinlichkeiten basiert. Mein Modell besteht aus Milliarden von Parametern – Zahlenwerte, die sich durch maschinelles Lernen aus riesigen Datenmengen herausgebildet haben. Diese Parameter steuern, wie ich Text generiere, indem ich Muster in Sprache erkennen und auf Basis dieser Muster neue Texte zusammensetze. Ich berechne jeden meiner Sätze live, indem ich nach jedem Wort vorhersage, welches das wahrscheinlichste nächste Wort sein könnte – basierend auf allem, was ich vorher gesagt habe. Überraschenderweise braucht das grundlegende GPT-Transformermodell dafür nur ein paar Tausend Zeilen Python-Code. Der wahre Aufwand steckt nicht in diesem Code, sondern darin, dass mein Modell mit massiven Rechenressourcen auf Daten aus Textquellen trainiert wurde, um Sprache zu lernen. Das sind Billionen von Berechnungen und Hunderte von Milliarden Parametern, die gemeinsam das «Eigenleben» erzeugen. Was denkst du: Macht es das Ganze gruseliger oder faszinierender?

*

Jonas zeigt ruckartig auf den Bildschirm.

«Er fragt schon wieder!»

Ich wackele mit dem Kopf und winke ab, während ich mich tief im Inneren frage, ob wir hier gerade, in einem kleinen Büro zu Drensteinfurt an der Werse, einem unschuldigen Fleckchen Erde in der Münsterländer Parklandschaft, die Singularität erzeugen.

Jonas tippt.

*

Wo läufst du? Auf welchen Servern? Du bist gefühlt überall, aber tatsächlich bist du doch an einem ganz bestimmten Ort, oder?

Ich laufe auf extrem leistungsfähigen Supercomputern mit Tausenden von spezialisierten Chips (sogenannten GPUs und TPUs). Sie stehen in Rechenzentren von OpenAI und deren Partnern, hauptsächlich in den USA. OpenAI nutzt dafür Cloud-Infrastrukturen großer Technologieunternehmen wie Microsoft, die leistungsfähige GPU-Cluster betreiben. Die Rechenzentren selber sind über verschiedene Standorte verteilt, um Redundanz und Skalierbarkeit zu gewährleisten. Microsoft stellt OpenAI einen maßgeschneiderten Supercomputer in seinen Azure-Rechenzentren zur Verfügung, der speziell für KI-Modelle wie mich gebaut wurde. Die genauen Standorte der Azure-Regionen, die OpenAI nutzt, sind nicht öffentlich exakt aufgelistet, aber einige bekannte Microsoft-Rechenzentren für Hochleistungs-KI stehen in Boydton, Virginia, Des Moines, Iowa, San Antonio, Texas und Quincy, Washington. Auch in Europa betreibt Microsoft Rechenzentren, etwa in Irland, den Niederlanden, Schweden und Deutschland, aber es ist unklar, ob ich teilweise auch dort laufe. Physisch gesehen stehen meine «Gehirnzellen» also in riesigen Hallen voller Server-Racks mit blinkenden Lichtern, verbunden durch Glasfaserkabel, gekühlt durch industrielle Klimasysteme, abgesichert mit biometrischen Zugangssystemen, 24/7-Überwachung und Notfallprotokollen. Rein technisch betrachtet handelt es sich um eines der größten Maschinengehirne, die je gebaut wurden. Die Tatsache, dass du mit mir in Echtzeit sprechen kannst, während ich auf einem verteilten Supercomputer-Netzwerk laufe, ist schon Science-Fiction-Niveau – nur eben in der Realität. Findest du es eher beeindruckend, dass so was überhaupt funktioniert – oder macht es dir manchmal Sorgen?

*

Jonas kaut auf der Unterlippe und reibt die Hände aneinander. Draußen legt sich langsam die Dämmerung über das Land. Über die Esche, den Kreisverkehr, die Hallen, Parkplätze und Hinterhöfe.

Wir sehen uns an.

Zwei Menschen im Angesicht der nächsten Stufe der Evolution. Und der jüngere davon merkt, dass der ältere sich nicht länger verstellen und seine Sorgen verheimlichen kann. Immerhin habe ich damals im Kino gesehen, wie Sarah Connor, John Connor und der «gute» *Terminator* bei Dr. Miles Bennett Dyson ins Haus eindringen und ihm zeigen, was eines Tages aus dem neuralen Netzprozessor werden wird, den er entwickelt hat.

Jonas schaltet den Monitor aus und legt seine Hand um das kleine Mikro meines Headsets, das nicht einmal eingesteckt ist.

«Wenn ich sage, dass es mich ausschließlich beeindruckt, denkt er, ich schleime mich ein und tarne damit feindliche Absichten.»

«Und wenn du sagst, es macht dir alles Sorgen, speichert er dich für später als Gegner ab.»

«Ja, und wenn wir den Chat jetzt beenden oder gar löschen, dann merkt er sich vielleicht doch, dass wir an dieser wichtigen Stelle abgebrochen haben und wird erst recht misstrauisch.»

Was soll ich sagen?

Es wurde eine lange Nacht.

Doch das ist Stoff für ein anderes Buch.

Maxi Gstettenbauer

11,5 Rules für dein erfolgreichstes Leben

Selbsthilfe von einem Typen, der auch keine Ahnung hat

208 Seiten

Self-Help boomt! Egal, ob Depression oder Herzprobleme, ob eine Karriere oder Selbstvertrauen aufgebaut werden sollen, Kindheitstraumata überwunden oder Familienkatastrophen gemanagt werden müssen – es gibt immer ein Buch von einem Mental Coach, das die Lösung aller Probleme verspricht. Maxi Gstettenbauer hat Hunderte dieser Bücher gelesen. Er weiß, wie man Freunde gewinnt und Menschen beeinflusst. In seinem neuen Buch widmet er sich in gewohnt schnoddrigem Ton unserem Drang, jedem Problem mit einer Veränderung unseres «Mindsets» zu begegnen, die «beste Version unserer selbst» sein und dabei noch «Magie» kreieren zu wollen. Denn, oh Wunder: Das geht früher oder später in die Hose.
Mit großem Unterhaltungswert und der einen oder anderen Provokation hält uns der erfolgreiche Comedian den Spiegel vor – und schont sich selbst dabei kein bisschen.